영성 훈련을 위한 소그룹 성경공부 교재 5

열매 맺는 영성으로 세워지는 삶

단순한 삶과 금식

SIMPLICITY & FASTING

달라스 윌라드 추천

5

좋은씨앗

열매맺는 영성으로 세워지는 삶 성경공부 시리즈 5

단순한 삶과 금식

Originally published by InterVasity Press as
Simplicity & Fasting
a Spiritual Disciplines Bible Study by Jan Jan Johnson.

초판 1쇄 인쇄 / 2008년 12월 2일
초판 1쇄 발행 / 2008년 12월 9일

지은이 / 얀 존슨
옮긴이 / 김창동
펴낸이 / 신은철
펴낸곳 / 좋은씨앗
출판등록 / 제4-385호(1999. 12. 21)
주소 / 서울시 서초구 양재동 2-30, 덕성빌딩4층(137-130)
영업부 / 전화 (02)2057-3041 / 팩스 (02)2057-3042
편집부 / 전화 (02)2057-3043
홈페이지 / www.gsbooks.org
이메일 / sec0117@empal.com

값 2,800원 ㅁ잘못된 책은 바꿔드립니다.

ISBN 978-89-5874-105-3 04230
978-89-5874-100-8 (전8권)

사랑하는 주님!

쉼없이 수고하지만 제 마음이 더욱 불편한 것은 어찌된 일인가요.

주님이 일하시는 빈 공간을 남겨두지 않은 채

열심히 살아가는 제 모습이 결코 온전하지

않다는 것을 이제 알았습니다.

주님이 함께하시는 인생, 주님에 의해 움직여지는

그런 인생이 되도록 나를 얽어맨 것들을

돌아보고자 합니다.

이 시간 오셔서 제 영혼을 새로이 하시고

그저 단순히 주님과 함께하는 시간으로 만족하게 하옵소서.

이 말씀 나눔과 교통의 시간에

우리의 기도를 들으시고 인격적으로 응답해주시는

아버지의 사랑 안에 거하기를 원합니다.

내가 아닌 그리스도의 생명으로

살아가는 우리가 되게 하소서.

존귀하신 예수님의 이름으로 기도합니다.

차례

지금 여기서 천국을 살아가려는 이들에게

—

당신은 하나님께서 사람들을 어떻게 변화시키시는지 알고 싶지 않은가? 아무리 발버둥쳐도 결코 바뀌지 않는 우리의 옛 습관을 생각해보라. 그리스도를 닮아가는 데 있어 도무지 자라지 않는 자신으로 인해 낙담한 적도 많을 것이다. 악한 본성이 계속 나를 괴롭히고, 거룩을 향한 열망의 불은 알게 모르게 혹은 고의로 범하는 죄로 말미암아 금새 사그러든다. 물론 당신은 예수께서 십자가에서 당하신 고난을 신뢰했을 때 이미 용서받았음을 안다. 그로 인해 하나님이 당신을 전부 받아주셨다는 것도 알고 있다. 이것은 정말 굉장한 사실이다. 그렇지만 하나님을 기쁘시게 해 드리는 삶을 살고 싶은 갈망에도 불구하고 당신은 언제나 제자리걸음이다.

하나님께서는 이러한 우리 영혼을 새롭게 하고 싶어 하신다. 그리고 이러한 변화는 우리가 삼위일체이신 하나님과 교통하기 시작할 때 일어난다. 자신을 변화시키려고 애쓰기 이전에, 하나님과 연결되고 하나되는 것이 우리의 할 일이다.

그처럼 하나님과 하나되면 우리는 점차 그리스도의 마음을 품고 그분처럼 행동하기 시작한다. 원수들을 해코지하는 대신 그들을 위해 기도하며 눈물을 흘리는 사람이 된다. 자기 방식대로 조종하려 들거나, 사람들의 잘잘못을 꼬투리 잡지 않고 오히려 그들이 잘 되기를 바란다. 하나님과 하나될 때 우리는 내적인 변화를 경험하게 되어, 부드러운 마음으로 선한 양심을 따라 살아갈 수 있다.

이를 위해 우리는 여러 방법으로 간섭하시는 성령님께 자신을 온전히 드려야 한다. 우리 영혼의 변화는 성령님의 사역을 통해 이루어지며, 그 결과 우리 안에는 "영광의 소망이신 그리스도"(골 1:27 참조)께서 자라신다. 우리도 그리스도를 가까이 따르는 그분의 제자가 될 수 있다.

그러나 순전히 자기 힘으로 그렇게 살아가려고 해보라. 곧바로 싫증과 자기 한계를 경험하게 될 것이다. 우리의 선한 의도와는 달리 우리는 슬슬 율법적인 사람이 되어 간다. 성공하면 그렇게 못 사는 사람들을 자기도 모르게 얕잡아 볼 것이고, 실패하면 자학하며 자기 영성의 부족함을 한탄하게 될 것이다. 두 경우 모두 우리가 위에 있는 것에 마음을 두기보다 자신에 골몰하고 있음을 보여준다.

그렇게 살아가는 힘은 우리 안에서 나오지 않는다. 우리 안에 거하시는 성령님을 통하지 않고는 결코 부르심에 합당한 삶을 살아갈 수 없다. 설사 우리가 최선을 다하더라도 이룰 수 없는 그것을 하나님은 우리 안에 이루신다. 우리가 주님과 온전히 연합하고 그 안에 머물러 있을 때 하나님이 그 일을 완성하신다.

그렇다면 하나님과의 하나됨은 과연 어떤 모습으로 나타날까? 먼저는, 성령님께서 우리 안에서 함께 일하시기에 우리는 은밀한 영역에서도 예수님을 본받게 될 것이고 일상의 모든 활동들은 그분과의 하나됨을 위한 재료로 바뀔 것이다. 이것이 어느덧 거룩한 습관으로 자리잡게 되면 우리는 훈련을 통해 점차 그리스도의 마음을 품은 사람들로 성장해 가고, 그분이 행하신 대로 살아가게 된다. 이것을 이 책에서는 "영성 훈련"이라고 부르기로 한다.

영성 훈련이 이루어지는 방식

우리는 영성 훈련을 통해 하나님과 하나되는 것을 배울 수 있다. 이 책에서는 특별히 자신을 성찰하고 하나님과 공동체에 죄를 고백하는 훈련에 대해 다루기로 한다. 그 외에도 공동체와 복종(1권), 기도와 경청(2권), 성찰과 고백(3권), 섬김과 은밀함(4권), 고독과 침묵(6권), 연구와 묵상(7권), 예배와 경축(8권) 등이 훈련과정에 포함된다. 이러한 부분들은 〈열매맺는 영성으로 세워지는 삶〉 시리즈의 다른 책들을 통해 공부할 수 있다. 이와 관련된 다른 신앙 고전이나 하나님께서 당신에게 보여주시는 방식이 있다면 그것을 따라도 된다. 헨리 나우웬은 영성 훈련이란 우리로 하여금 "자그마한 목소리에 귀를 기울이게 하고, 그 음성을 들었을 때 기꺼이 응답하는"* 일을 실천하도록 돕는 것이라고 말했다.

이러한 훈련들이 하나님과의 하나됨을 어떤 방식으로 도울 수 있을까?

- 하나님이 보여주신 길에 익숙해지고 하나님과의 관계가 더욱 튼튼해져 기쁨으로 그 길을 갈 수 있다. (물론 이러한 훈련들을 그리스도와는 아무런 관련 없이 율법적으로 행할 수도 있다.)
- 그리스도를 더욱 신뢰하게 된다. 몇몇 훈련들은 우리를 불편하게 할 수 있다. 가보지 않았던 길도 가야 할지 모른다. 그렇지만 이 과정에서 누군가를 섬기면서 우리의 존재가 더욱 넉넉해진다는 사실을 발견하게 된다.
- 우리는 그리스도를 위해 "작은 결단들"을 내리게 되고, 이런 일들은

* 본문에 인용된 글은 책의 끝부분에 그 출처가 나와 있다.

점점 더 늘어난다. 예를 들어 TV시청 시간을 절제하려는 작은 결단은 자기를 부인하고 사람들을 사랑하는 일에 시간을 내는 데 도움이 된다.

• 우리의 내적 충동들이 조정되어 더욱 자연스럽게 순종할 수 있다. 예를 들어, 하나님의 임재를 연습하는 훈련을 해보았다면, 누군가 당신을 함부로 대할 때 '호흡기도'를 통해 자연스레 그들을 "주님의 손에" 맡기게 될 것이다. 상대는 더 이상 우리의 적이 아닌, 하나님께서 다루어 가시는 사람이요 그들을 통해 그분이 말씀하기도 하신다는 사실을 알게 된다.
• 결국 우리는 그리스도처럼 행동하게 된다. 이 일은 우리가 애써 노력한다고 되지 않고 하나님의 기적적인 역사를 통해서만 가능하다.
• 성령의 능력을 통해 하나님께서 우리 속사람 안에서 일하실 것을 말해준다(엡 3:16). 영성은 우리에 관한 것이 아니라 우리 안에 계신 하나님의 사역이다. 당신은 이 세상을 새롭게 하시는 하나님의 "가족사업"에 힘을 더하게 된다.

영성 훈련을 망치는 길

영성 훈련은 반드시 하나됨의 목표를 염두에 두고 이루어져야 한다. 스스로의 만족이나 "의무사항"들을 하나씩 지워나가려는 태도로 감당해서는 안 된다. 하루의 할당량을 채울 요량이거나 그 날을 좀 더 잘 보낼 수 있으리란 생각으로 성경을 읽는다면 그저 읽는 것 자체로 만족할 것이다. 그러나 성경 읽기의 목표를 하나님과의 하나됨에 맞춰보라. 하나님께서 당신에게 말씀하신다는 느낌이 들 때마다 멈춰서게 된다. 잠시 멈추어 그

것을 묵상하게 될 것이다. 어쩌면 필요나 소원 혹은 궁금한 것을 기도로 아뢰면서 하나님께 돌이키게 되는 경우도 많아질 것이다. 한 달 동안 매일 그 구절을 읽어갈지도 모른다. 하나님께서 그 구절을 사용하셔서 말씀하시기 때문이다.

그러한 시간들이 지나가면서 하나님과 하나되려는 강력한 소원이 생겨난다. 그렇게 주님과 연합되려는 "작은 결단들"로 인해 당신의 삶은 변화되기 시작한다.

이러한 훈련들은 하나님과 하나되는 일을 실천하는 데 있어 우리에게 유익을 준다. 예를 들어 피아노를 능숙하게 연주하고 싶다거나 테니스 라켓을 자유자재로 다루려면 반복적인 연습이 필수다. 유능한 야구 선수라면 지켜보는 관중이 없더라도 매일의 배팅 연습을 게을리 하지 않는다.* 그들은 무대 뒤에서 굵은 땀방울을 흘린다.

영성 훈련도 마찬가지다. 당신이 금식과 함께 단순성을 훈련하면서 하나님의 말씀을 듣는 중이라고 하자. 그렇다면 당신은 회사의 이사회에서도, 반항적인 십대 자녀들과 언쟁을 하면서도 하나님이 말씀하시는 음성을 듣게 된다. 여기에 필요한 삶의 기술들을 익혀간다면 하나님과 함께하는 이러한 하나됨은 매일매일 커져간다.

단순한 삶과 금식에 관한 훈련

단순함은 여러 가지 활동에 참여하는 것을 절제하고, 하나님께서 우리에게 주신 목적에 부합하지 않는 것들을 일부러 소유하지 않는 훈련이다. 그리고 금식은 원하는 것을 먹지 않거나, 하고 싶은 어떤 활동을 삼가는 것이다. 두 훈련 모두 그리스도인의 가장 중요한 표지 중 하나인 '자기 부인' (self-denial)과 관련된다. 이 훈련들은 자신을 비우고 더 소중한 것들을 갈망하도록 도와준다. 우리가 이렇게 자아를 포기할수록 하나님 안에서 더 온전하게 살아갈 수 있게 된다.

그러나 이 일은 참으로 쉽지 않다. 때로는 너무나 막연하고 자기만 손해보는 것 같고, 눈에 띄게 달라지는 것도 없다. 처량한 마음이나 비장한 자세로 훈련에 임하지는 말자. 우리가 단순해지려는 이유는 바로 가장 귀한 보물을 소유하기 위함이며, 금식하는 이유는 오직 한분께만 집중하기 위해서기 때문이다. 우리는 간절한 기대와 소망으로 이 훈련에 동참하는 것이 마땅하다. 그렇게 할 때 세상의 모든 것들을 진정으로 즐길 수 있게 된다. 과일 한 조각도 맛있게 먹고, 낡은 자동차를 타면서도 기쁨에 넘치며, 버스 뒷좌석에 조용히 앉아서도 놀라운 부유함을 누리는 것이다.

이러한 절제 훈련은 우리가 세상에서 살지만 이 세상에 속하지 않는 법을 알려준다. 우리는 (중요하다고 여겨지는) 정보에 대한 열망, 먹을 것에 대한 집착, 그리고 끊임없는 경쟁 등이 살아가는 데 꼭 필요한 것이라는 확신에서 한 걸음 물러나 하나님만 의지하는 것이 무엇인지를 배워간다. 몇 시간 혹은 며칠간 이러한 '단절' 속에 지내다 보면 하나님께서 말씀과 함께 깨닫게 하시는 것이 있다. 평소에는 당연하게 여겼던 것들이 하나님의 은혜를 통해 나에게 주어졌다는 사실을 발견한다. 하나님은 이런 우리를 그냥 두지 않으신다. 세상의 필요에 눈을 뜨게 하시고 소금과 빛다운 삶을 살 수 있게끔 능력과 지혜를 허락하신다. 비로소 우리는 하나님이 사랑하신 세상을 우리의 눈이 아닌 하나님의 시각으로 바라보고 사랑할 수 있는 준비가 된 것이다.

이 교재를 효과적으로 공부하려면

이 책에서는 우리 삶에서 이러한 훈련이 필요한 이유와 구체적인 사례 그리고 여기에 임하는 태도는 어떠해야 하는지 배운다. 각 과에는 공통적으로 다음과 같은 내용이 담겨 있다.

〈하나님께 돌아서기〉. 논의되는 주제에 흥미 있게 참여하도록 토론 및 묵상 질문들을 제시한다.

〈말씀을 통해 하나님 음성듣기〉. 관련된 성경 말씀이 우리 삶에는 어떻게 연결되며 이에 대한 하나님의 말씀은 어떤 의미인지 되새기는 시간이다.

〈깨달은 말씀에 순종하기〉. 공부한 바를 경험하기 위해 어떻게 생각하고 행동해야 할지를 논의한다. 여기서는 자기에게 가장 잘 맞는 문제를 하나 이상 택해야 한다. 자신의 개성과 현재적인 필요를 고려해도 좋다. 이 부분에 순종해보고 다음 주에 다른 이들과 나눌 수 있도록 준비하라.

사람에 따라서는 이 교재가 너무 쉽거나 너무 어렵게 느껴질지도 모르겠다. 하지만 다 아는 것이라고 그냥 넘어가지는 말라. 자신에게 적합하게 말을 바꾸어 보라. 우리는 '열매맺는 영성'에 대한 또 하나의 이론을 배우려는 것이 아니다. 영성훈련을 통한 풍성한 열매가 실제로 우리 안에서 맺혀지는 출발점이 되기를 바란다. 매시간마다 성령의 인도하심으로 진리를 깨닫고 그 진리대로 살아봄으로 당신의 영혼이 의의 열매로 가득하기를 간절히 소망한다.

수련회 등에서 사용하기

이 교재는 개인적으로 피정(避靜)의 시간을 갖고 있는 개인에게도 잘 적용된다. 자신에게 맞는 속도로 각 과를 공부하라. 서두르지 말라. 〈깨달은 말씀에 순종하기〉를 실천하기 위해 충분한 시간을 두고 준비하라. 모든 과를 다 끝내지 않아도 좋다. 한 가지 훈련에 초점을 맞추고 싶다면 그 부분만 집중적으로 공부해도 된다.

참가자들은 〈깨달은 말씀에 순종하기〉 부분에서 열매를 맺어야 함을 명심하라. 모인 사람들이 다 함께 해야 하는 훈련도 있다. 또한 사람들은 훈련 과정에서 개인적으로 듣게 된 하나님의 음성에 대해 함께 모여 얘기를 나누어야 한다.

어떠한 형태가 되었든지 생각할 시간을 많이 가지라. 당신이 하나님과 하나됨을 이루는 삶에 이 교재가 큰 도움이 되길 바란다.

1

온 몸이 밝은 사람

● 마태복음 6:19-23, 33 ●

사람들이 "어디로 가야할지 몰라 갈팡질팡하는 중이야" 혹은 "마음이 복잡해"라고 말할 때에는 대개 좋지 않은 일이 일어날 조짐이다. 우리는 무엇을 선택할지 몰라 낙심되고 이룬 것이 하나도 없는 자신을 보면 불안하다. 그러면서도 쉬는 것보다 바쁘게 사는 것이 좋아 보이고 심지어 숭고한 것처럼 생각되어 삶의 핵심과 본질을 찾는 것은 접어두고 현재의 해야 할 일을 처리하는 것에 골몰하게 된다.

이때가 바로 단순함이라는 영성 훈련이 필요한 시점이다. 우리의 머리나 몸이 지나치게 분주할수록 더욱 단순해져야 하는 시기이기도 하다. 성령님은 하나님과 하나님 나라에만 초점을 맞추는 삶을 통해, 하나님이 인정하시는 열매들을 맺지 못하게 하는 '잔가지' 들을 제거하신다. 이런 과정에서 우리는 하나님과 동행하는 데에 방해가 되는 일에 지나치게 기울어진 우리의 마음을 새롭게 하여 하나님을 향하게 된다. 이로써 우리는 작은 활동 하나하나에도 분명한 목적과 의미를 찾을 수 있고, 본래와는 다른 목적에 마음을 빼앗기지 않는 순전한 마음을 선물로 얻는다.

하나님께 돌아서기

최근에 이런 저런 일로 마음이 분산되고 허둥댔던 적은 언제였는가? 그때 일이 더 잘 풀렸는가, 아니면 좋지 않은 결과가 나왔는가? 그로 인해 깨닫게 된 사실이 있다면 무엇인가?

말씀을 통해 하나님 음성듣기

예수님은 다른 사람들의 평가와 자신이 쌓아놓은 재물에 의지해서 안전을 도모하는 일을 그만두라고 하신다. 우리는 가장 '안전한' 곳에 자신이 가장 중요하게 생각하는 것들을 투

자해야 한다. 우리가 하나님의 나라와 그분의 의에 자신을 드리면, 우리에게 필요한 것들을 세세하게 알고 계시는 하늘 아버지가 친히 우리를 먹이신다고 말씀하신다.

마태복음 6:19-21절을 읽으라.

1. 예수님은 왜 보물을 땅에 쌓아두지 말라고 하시는가(19)? 당시에 집 안에 큰 보물을 쌓아두는 것은 얼마나 위험한 일이었을까?

2. 우리가 "땅에 쌓아두는 보물"에는 무엇이 있는가? 또한 그런 것들은 우리의 삶을 어떻게 복잡하게 만드는가(19)? 그것이 정말로 안전하다고 생각하는가?

> 만일 우리의 삶이 조금만 더 단순해진다면 우리는 영혼의 내밀한 사역에 더욱 민감해질 수 있을 것이다.
>
> _메리 콘로 콜로 (Mary Conrow Coelho)

3. 이런 보물들을 도둑맞거나 그 가치가 심각하게 훼손되었던 경험이 있는가? 그로 인해 얼마나 낙심했으며 무엇을 깨달았는가?

4. "네 보물 있는 그 곳에는 네 마음도 있다"는 말씀이 의미하는 바에 대해 자유롭게 의견을 나눠보자.

마태복음 6:22-24절을 읽으라.

5. 킹제임스 영어 성경은 22절을 "그런즉 네 눈이 단일(單一)하면"(if therefore thine eye be single)이라고 번역한다. 이처럼 당신이 '단일한' 초점을 갖고 있다면 온 몸은 어떻게 되는가? '온 몸이 빛으로 가득하다'는 말에 담긴 깊은 의미는 무엇일까?

6. "예수님께서 '한 사람이 두 주인을 섬기지 못할 것' 이라고 하신 것은, 두 주인을 섬기는 것이 지혜롭지 못하다는 것이 아니라 불가능하다는 의미에서 말씀하신 것이다" (리처드 포스터). 그럼에도 불구하고 우리가 그런 일을 시도하려 한다면 어떤 불행한 결과가 나타나겠는가?

7. 하나님만을 섬기고자 하는 우리이지만, 땅에 있는 보물이 우리의 마음을 사로잡고 나뉘게 하는 때가 있을 것이다. 우리는 어떻게 그러한 유혹을 물리칠 수 있을까?

청교도들에게는 하나님의 의견이 가장 중요했다. 그들은 마치 하나님 앞에 알현해 서있는 것처럼 살았다.
_오스 기니스 (Os Guinness)

마태복음 6:33절을 읽으라.

8. 본문에서 "이 모든 것" 은 무엇을 가리키는가?

9. “먼저 그의 나라와 그의 의를 구하는” 삶에 대해 「현대어성경」은 “하나님의 나라를 어떻게 이룰까, 하나님께서 원하시는 바른 일을 어떻게 실천할까 고민하면서 그분을 생활의 중심에 모시고 살면” 이라고 풀어서 번역하고 있다. 당신이 생각하는 하나님 나라와 의를 구하는 삶은 무엇이며, 구체적으로 어떻게 하는 것을 말하는가? 다음을 참고하라.

_ 삶의 목적을 분명하게 정하고 거기 따라 나의 삶을 재조정하기
_ 1분에 한 번 이상 하나님을 생각하고 그분 앞에서 살아가는 연습 (매일 일정한 시간을 정해.)
_ 지금 이 순간 하나님은 무엇을 원하시는가 생각하고 믿음에 따라 행동하기
_ 앞날에 대해 염려하거나 근심하지 않고 하나님 한 분만으로 만족하는 연습

> 오늘날 종교를 포함해 사회와 문화 전반을 지배하고 있는 철학사조는 인간의 모든 욕망을 충족시켜주는 것이 선(善)이라는 사상이다. 심지어 교회마저도 이러한 기분 좋은 느낌과 풍족함이라는 '거짓' 신들의 영향을 받고 있다.
> _리처드 포스터

10. 단순함을 “핵심 가치에 집중하기 위해 덜 중요한 것들을 잘라내는 일” 이라고 정의한다면, 이렇게 살아가기 위해 우리가 정돈해야 할 모습들에는 무엇이 포함될지를 생각해보라.

깨달은 말씀에 순종하기

다음 내용 가운데 한 가지 이상을 실천에 옮기라.

1. 집 주위를 산책하면서 당신이 진정으로 보물로 여기고 있는 것을 유심히 바라보라. 그 옆에 앉아(혹은 손에 들고) 하나님께 이렇게 여쭈어 보라. "이것이 나에게 보물인 까닭은 무엇인지요?" "이것을 잃어버린다면 나는 어떻게 될까요? 그때에도 여전히 하나님을 기뻐하고 만족할 수 있을까요?"

2. 당신이 하나님을 가장 소중하게 느낄 수 있는 장소는 어디인가? 잠자기 전에 성경을 읽는 침대 맡이나, 하나님과 대화를 나누며 걷는 산책로, 혹은 아침에 일어나 조용한 방안에서 당신이 기도할 때 사용하는 방석도 될 수 있다. 그밖에 당신이 하나님을 보물로 삼을 수 있는 순간들이 있음으로 인해 주님께 감사하는 기도를 드리라. 이런 '하나님 임재 체험'의 장소가 점점 많아지고 더 자주 주님의 주되심을 느낄 수 있으려면 어떻게 해야 할까? 하나님 중심의 삶을 살도록 도와주시기를 간구하라.

3. "내 맘의 주여 소망 되소서"(찬송가 533장)의 가사를 암송하였다가 길을 걸으면서 이 찬양을 불러보라. 특히 하나님께 고백하는 마음으로 3절을 불러보라. 혹은 당신이 하나님을 최고로 친근하게 여길 때 노래할 수 있는 찬송으로 그렇게 해보라.

2

적을수록 좋다

●마태복음 6:24-34●

종종 적게 말한 것이 더 좋고, 적게 소비한 것이 더 좋으며, 옷(이나 기타 생필품)에 대해 적게 안달하는 것이 더 좋을 때가 있다. 이때의 단순함이란 우리가 자기 신분이나 매력, 혹은 사치심을 충족시키기 위해 여러 자원들을 사용하거나 소비하는 일을 절제하는 것을 의미한다.

단순함의 반대는 탐닉이다. 어쩌면 당신도 쇼핑몰의 세일 기간이나 패밀리 레스토랑 혹은 이런저런 사교모임에 참석했을 때 전에는 별로 생각하지 않았던 (소비 혹은 과시) 욕구가 일어났던 경험이 있을 것이다. 그럴 때 우리는 싼값에 필요한 물건을 사들이고, 맛있는 음식을 먹을 기대와 혹은 자신을 더 나은 사람으로 보이기 위해 이런저런 부분에 신경을 쓰게 된다. 이러한 '소유'를 위해 우리는 지칠 때까지 과도하게 일하며 수고한다.

단순함의 훈련은 우리가 이런 거짓 갈망에서 벗어나, 세상에서 이리저리 흔들리지 않는 강건한 성품의 소유자가 되게 한다. 홀로 빈들에 거하면서 영이 강건해졌던 세례 요한처럼 우리도 심지가 굳은 영혼으로 하나님의 뜻을 실천해가는 제자로 성장한다.

우리에게 필요한 단순함의 훈련은 각각 다를 것이다. 우리는 저마다 출발점과 처한 위치가 상이하기 때문에 다른 모습으로 시작하게 된다. 하지만 우리가 어떻게 변해가야 하는지는 자명하다. 우리는 하늘 아버지의 생명으로 사시며 그 존재가 충만하였던 예수님처럼 살아가야 한다. 예수님은 가장 적은 소유를 가지고도 가장 위대한 삶을 살아가셨던 분이다.

하나님께 돌아서기

만일 당신이 일주일 동안 다음의 일들을 꼭 해야 한다면, 그 중에 가장 어려운 일은 무엇인가?

* 여러 사람이 모이는 곳에 유행에 뒤떨어진 옷 입고 가기
* 커피나 _____(기호식품) 없이 일주일 동안 지내기
* 맛이 밋밋하고 간이 많이 안 된 음식으로 소식(小食)하기
* 기타(먹을 것, 마실 것, 입을 것과 관련된 여러 선택들) :

말씀을 통해 하나님 음성듣기

마태복음 6:24-30절을 읽으라.

> 우리는 "원하고 소유하고 행하기" 라는 세 가지 동사를 실천하는 일에 우리의 대부분의 인생을 소비하고 있다. 영혼의 성장을 방해하는, 심지어 해가 되는 일을 갈망하고, 붙들고, 안달하느라 끊임없이 불안해하고 불평하는 것이다.
>
> _이블린 언더힐 (Evelyn Underhill)

1. 예수님이 먹을 것, 마실 것, 혹은 입을 것에 대해 걱정하지 말라고 하신 이유는 무엇인가?

2. 걱정하는 것이 아무런 보탬이 되지 않음에도 불구하고, 우리가 습관처럼 걱정하는 문제들이 있다면 무엇인가?

   _ 다른 사람들이 우리에 대해 어떻게 생각하나

   _ 몸무게 줄이기

   _ 더 많은 수입이 필요하다는 절박감

   _ 기타 :

3. 당신이 하나님을 구하고 주님의 나라를 세우는 일을 하려면 "먹고 마시고 입는" 일에 대해 어떠한 생각의 전환이 필요할까? 질문을 이렇게 바꾸어도 좋다. "당신이 '어떤 집에서 사는가/어떤 직업을 갖고 있는가/취미 생활이 무엇인가 등등' 에 대해 어떤 생각의 전환이 필요한가?"

마태복음 6:31-34절을 읽으라.

4. 예수님은 우리가 염려하지 말아야 하는 근거로 무엇을 말씀하시는가(32)? 여기에서 우리의 모든 필요를 다 알고 계시는 하늘 아버지에 대해 생각해보자. 하나님께서 나의 염려를 뛰어넘어 일하셨던 경험이 있다면 서로 나누어보자.

5. 예수님은 먹을 것과 마실 것, 그리고 입을 것을 예로 들어 어떤 특정한 것에 사로잡히지 말 것을 말씀하셨다. 만일 예수님이 이 시대에 오셔서 말씀하신다면 어떤 예들을 사용하시겠는가?

6. 내일 일을 염려하지 않고 하루하루를 충실히 살아가는 것이 어떻게 단순함의 증거가 되는가(34)?

타락한 인류는 이제 아무런 제한을 받지 않고 살아가는 것 같다. 이 땅에 있는 모든 자원과 다른 피조물들을 개인의 쾌락이나 이익을 위해 마음대로 사용하는 것이 마치 하나님이 주신 권리인 양 행사하는 것이다. 인간의 삶의 목표는 더 많은 것을 얻고, 더 많은 것을 경험하며, 모든 감각을 최대한 자극하는 데까지 이르렀다. 우리는 이러한 잘못된 신화를 무너뜨리고 단순함에 깃든 하나님의 풍요를 누려야 한다.

_마조리 톰슨

7. 본문에서 말씀하는 대로 살아가고, 땅에 속한 사소한 일들을 걱정하거나 골몰하지 않으려면 우리는 하나님과 어떠한 관계를 맺어야 할까?

8. 다음은 본문에서 말하는 '단순한 삶'의 여러 모습들이다. 이 가운데 당신이 도전해보고 싶은 것은 무엇인가?

_ 주변 환경이 더 좋은 곳, 더 넓은 아파트, 혹은 가장 최근에 지어진 집으로 이사하려는 생각 내려놓기

_ 다른 사람들이 나에 대해 어떻게 생각할지 걱정하지 않기

_ 지금 당장 필요치 않거나 내게 그다지 도움이 되지 않는 물건에 대한 (인터넷) 쇼핑 그만두기

_ 우리가 가진 것들을 다른 사람들이 사용할 수 있도록 하기

_ 남몰래 감당하는 작은 일에서 만족을 찾기

_ 자연에 대해 더 많이 감사하고 예민한 감각 키우기(환경 보호와 같은 일)

_ 최신 유행이나 패션에 민감했던 데에서 검소하고 단정한 옷과 매무새로 만족하기

_ 기타 :

깨달은 말씀에 순종하기

다음 내용 가운데 한 가지 이상을 실천에 옮기라.

1. 마태복음 6:24-34절을 다시 한번 천천히 소리 내어 읽으라. 가장 깊이 다가오는 낱말이나 구절이 있는가? 그 구절은 당신이 하나님과 어떻게 연결되어야 하는지 어떤 식으로 말씀하는가?

2. 하나님께 당신이 '섬기고' 있는 소유를 벗어버릴 수 있는 방법을 보여달라고 기도하라. 예를 들어, 끊임없이 관리 및 보수가 필요한 물건들을 버리고 그 대신 더 튼튼하고 덜 호화스런 것으로 바꾸는 일 등이 있다.

3. 가계부나 신용카드 명세서를 살펴보면서 자신의 돈이 어떻게 사용되고 있는지 점점해보라. 당신이 하나님 나라를 위해 살아가려면 가계부에 어떤 구조조정이 일어나야 하겠는가?

> 영적으로 지혜로운 사람이라면 경솔한 소비 행위가 사람의 영혼을 타락시키고 하나님을 향한 신뢰, 예배, 섬김으로부터 멀어지게 하며 또한 이웃에게 상처를 입힌다는 사실을 잘 알고 있다.
> _달라스 윌라드

3

간결한 말

● 마태복음 5:33-37 ●

누군가와 장시간에 걸쳐 허심탄회한 대화를 나누었지만 마음은 더욱 공허하고 문제만 더 복잡해진 적은 없는가? 민감한 사안에 대해 많은 얘기가 오고 갔지만 결국은 서로의 입장만 확인하게 된 경우는 어떠한가? 대화와 설득을 위한 여러 기술이 약간은 도움이 되겠지만 문제 해결을 위해 그 이상의 것이 필요할 때가 많다. 지나치게 많은 말을 하다보면 자기도 모르게 잘못된 정보를 덧붙이거나 과장하고 왜곡하는 경우가 있다.

이때 필요한 것이 단순하고 간결한 언어이다. 간결한 말은 거짓이 숨을 수 있는 연막을 제거하고 우리로 하여금 빛된 삶을 가능하게 한다. 달라스 윌라드는 이런 식으로 표현했다. "함께 있기 불편한 사람과 자리를 같이 했을 때 우리는 자신의 겉모습을 적당히 '조절' 하고 그들에게 인정받으려고 한다. 이때 우리는 말을 제한함으로써 자신의 모습을 꾸미려는 생각을 포기해야 한다."

단순한 언어 생활은 우리로 하여금 더욱 투명하고 성숙한 삶을 살게 한다. 우리가 혀를 성령의 통제 아래 둔다면 성령께서 그 혀를 아름답게 사용하실 것이다.

하나님께 돌아서기

당신은 어떤 경우에 대화가 지나치게 많아지는가? 이 가운데 실수한 적은 없는가?

말씀을 통해 하나님 음성듣기

예수님은 유대인들이 흔히 사용하는 '회피성 맹세' 에 포함된 문제점을 지적하신다. 지킬 생각도 없으면서 하나님을 두고 맹세하는 것이 곧 '회피성 맹세' 이다. 그들은 아마도 '지금의 어려움만 모면할 수 있다면 뭐든 못하리' 라는 생각을 하는 것 같다. 하지만 예수님은 이러한 가벼운 언어 생활에 담긴 악을 간파하신다.

> 하나님을 향해 진실된 마음을 가진 사람은 자신이 내뱉는 모든 말을 하나님의 임재 앞에 두고 이야기한다.
>
> _렌스키
> (R. C. H. Lenski)

마태복음 5:33-36절을 읽으라.

1. "옛 사람" 에게 주어진 계명의 의도는 무엇이었는가?

2. 그들은 자신의 머리를 두고 맹세하면 하나님의 이름이 포함되지 않는다고 생각했다(36). 이것이 얼마나 어리석은 생각인가? 맹세에 대한 우리의 자세는 어떠해야 하는가?

3. 이처럼 자신이 원하는 때에만 하나님의 임재를 인식하려 할 때 어떤 부정적인 결과가 예상되는가?

마태복음 5:37절을 읽으라.

4. 당신은 어떤 상황에서 지나치게 말을 많이 하게 되는가?

_ 무시당할까 두려울 때

_ 다른 사람이 자기를 어떻게 생각할지 신경이 쓰이고 걱정될 때

_ 자신을 변호하려 할 때

_ 자기가 해답을 알고 있다고 생각할 때

_ 다른 사람의 사소한 생활까지 알고 있다는 것을 보임으로써 자신이 얼마나 대단한 사람인지 자랑하고 싶을 때

_ 기타 :

5. 성경은 참되지 않은 말에 대해 엄격한 판단이 있을 것을 경고한다. 예를 들어 야고보서 5:12, 3:1-2, 1:26, 마 12:36-37, 시 34:13, 141:3 등을 참조하라. 단순한 삶을 살아가기 위해 간결한 언어 사용이 중요한 이유를 생각해보라.

> 온전히 정직한 말만 하는 습관을 들이라. 예를 들어 '~하느라 죽겠다'는 말은 삼가라. 배가 고프면 그저 배고프다고 말하고, 어떤 일을 하고 싶다면 그냥 그 마음을 표현하라. 정말 죽을 것 같은 상황에서만 그렇게 말하는 것이다.
>
> _리처드 포스터

그는 비록 말이 적었지만 그 말 하나하나에는 충만한 의미가 담겨 있었다. 칭찬에 인색한 사람들조차도 여기에 크게 감동했다.

_윌리엄 펜
(William Penn)
퀘이커 지도자인
조지 폭스에 관한 글에서

6. 펜(Penn)은 폭스의 연설을 묘사하면서 '적은 말수'와 '충만한 의미'란 말을 사용했다. 다른 사람들은 당신의 언어 생활에 관해 뭐라고 하는가? 당신이 비록 많은 말을 하지 않더라도 그 언어에 '충만한 의미'가 담기려면 당신의 말하는 습관은 어떻게 바뀌어야 할 것인가?

깨달은 말씀에 순종하기

다음 내용 가운데 한 가지 이상을 실천에 옮기라.

1. 하루 정도 침묵의 시간을 내보라. (어쩌면 개인 혹은 그룹 침묵 수련회를 갖는 것도 좋을 것이다.) 이런 저런 잔소리나 핑계가 필요없는 하나님과의 교통(그리고 그런 고요함 가운데 이루어지는 다른 사람과의 교제)을 즐기라.

2. 친구와 이야기를 나누면서 단순함과 거리가 먼 자신의 대화습관을 지적해 달라고 요청하라. 예컨대 상대방을 이해시키기 위해 필요 이상의 말이나 몸짓을 사용하는 일, 상대방의 말을 중간에 가로채는 일, 다른 사람이 말하는 동안 다음에 무슨 말을 할지 생각하는 일 등이 있다.

3. 이번 주간에 나누는 대화 가운데에서 최소한 3회 이상, 단순히 예나 아니오로 답해보라. 그런 후 상대방에게 미소를 지어 보임으로써 당신의 말이 끝났으며 그의 말에 귀를 기울일 것임을 알게 하라.

4

금식의 잔치

● 마태복음 4:1-11, 요한복음 6:48-51 ●

예수님은 잔치에 참석하셨을 뿐 아니라 금식도 하셨다. 그것은 바쁜 나머지, 어쩌다 한번 식사를 놓치는 것이 아니었다. 그러면서 영양분을 섭취하는 신비스러운 원천에 대해 말씀하셨다(요 4:32).

그리스도와의 잔치를 누리는 것은 마음이 설레는 일이지만, 금식하는 일은 당신을 주춤하게 만들 수도 있다. 금식은 무조건 음식만을 끊는 것이 아니다. 우선 사람들과의 만남을 절제하고(고독), 대화를 줄이고(침묵), 소비를 억제하고(검소), 미디어나 전화사용을 줄여나가는 것부터 시작한다. 아니면 기름진 음식이나 포도주를 금하는 것과 같은 부분 금식을 시도할 수도 있다. 어쩌면 당신은 자신의 역량 이상으로 많은 책을 사거나, 운동 부족(혹은 과다 운동)으로 인해, 혹은 지나치게 많은 일정에 따라 살아가면서 자신의 영혼을 가꾸는 일에는 소홀히 하고 있지는 않은가?

영성 훈련이 자신을 거룩한 사람으로 보이고 싶거나 시험에서 높은 점수를 받기 위한 것이 되어서는 안 된다. 그 훈련들은 기쁨으로 이루어져야 하며 하나님을 더욱 깊이 만나고 당신을 사랑하시는 그분과 누리는 잔치가 되어야 한다.

하나님께 돌아서기

당신은 금식을 통해(끝난 후) 하나님께서 깜짝 놀랄 만한 길을 열어주신 적이 있는가?

말씀을 통해 하나님 음성듣기

마태복음 4:1–4절을 읽으라.

1. 돌들로 떡을 만들기를 거부한 예수님의 행동은 어떤 면에서 하나님께 대한 신뢰를 잘 보여주는가?

> 금식의 가장 중요한 목적 가운데 하나는 우리가 하나님이 주신 선물에 의존하지 않고 하나님만을 의지할 수 있게 하는 것이다.
>
> _ 로버트 멀홀랜드 (Robert Mulholland)

2. 예수님은 본문에서, 이스라엘 백성이 광야를 떠돌아다닐 때 하나님께서 필요한 것들을 어떻게 베푸셨는지 설명하는 성경 구절(신 8:3)을 인용하셨다. 하나님은 이스라엘에 필요한 것들을 공급하시기 위해 어떤 좋은 것들을 제공하셨는가?(신 8:2-6절을 보라)

> 우리는 금식할 때 생명의 떡이신 예수님과 잔치를 벌이도록 초대를 받는다. … 따라서 우리 주님을 향한 금식은 곧 잔치를 베푸는 것, 곧 그분을 대접하고 그분의 뜻을 행하는 것이 된다.
>
> _달라스 윌라드

3. 요한복음 6:48-51절을 보자. "내가 곧 생명의 떡이니라 너희 조상들은 광야에서 만나를 먹었어도 죽었거니와 이는 하늘에서 내려오는 떡이니 사람으로 하여금 먹고 죽지 아니하게 하는 것이니라 나는 하늘에서 내려온 살아 있는 떡이니 사람이 이 떡을 먹으면 영생하리라 내가 줄 떡은 곧 세상의 생명을 위한 내 살이니라." 예수님은 자신을 어떻게 소개하시는가? 우리는 어떻게 이 떡을 '먹을 수' 있는가?

4. 그렇다면 금식은 어떤 방식으로 당신의 믿음을 성장시키는가?

마태복음 4:5-11절을 읽으라.

5. 본문에 나오는 시험들은 여러 가지 방식으로 분류되어 왔다. 그 가운데 세 가지 방식이 다음 표에 나타나 있다. 이제 당신이 며칠 음식을 먹지 않은 상태라고 하자. 이 시험들 가운데 당신에게 가장 두드러지게 다가오는 것은 무엇인가? 그 이유는 무엇인가?

	돌을 떡으로 만들라	성전 꼭대기에서 뛰어내리라	마귀에게 경배하라
의심	"하나님이 공급해 주실까?"	"하나님이 지켜주실까?"	"하나님이 승리하실까?"
연약함	배고픔, 참지못함, 자신을 입증할 필요	교만, 불안, 하나님을 시험할 필요	신속한 권력과 손쉬운 해결을 원함
욕구	의미있는 존재가 되고픈 욕구	자랑하고 싶은 욕구	권력을 잡고 싶은 욕구

6. 당신은 음식 이외의 다른 것, 예를 들어 대화, TV, 라디오, 소비, 전화, 군것질과 같은 것을 끊는 것에 대해 어떻게 생각하는가? 만일 당신이 이번 주에 무언가를 금해야 한다면, 어떤 방법으로 하나님만을 즐거워하는 일에 전념하겠는가?

깨달은 말씀에 순종하기

다음 내용 가운데 한 가지 이상을 실천에 옮기라.

> 우리의 육체적 욕망은 단지 채워져야 하는 부족함이라기보다는 하나님의 선하심을 맛볼 수 있는 기회이기도 하다.
> _로버트 모리스 (Robert Morris)

1. 요한복음 6:48-51절에서 하나의 낱말이나 어구를 선택하라 ("생명의 떡"이나 "하늘로서 내려오는" 혹은 "영생하리라" 등). 그런 다음 몇 분 정도 그 구절 안으로 깊이 들어가 보라. 예를 들어, '생명의 떡' 예수님을 당신의 영혼이 온 마음으로 받아들이거나, 혹은 하나님과 함께 영원한 복락을 누리는 '영생'에 대해 묵상해보라. 원한다면, 당신을 사랑하시는 하나님의 광대하심에 초점을 맞추어도 좋다.

2. 금식에 경험이 있는 한두 명과 이야기를 나누어보라. 금식이 하나님께 더 가까이 나가도록 도와주는 디딤돌이 되기 위해서는 어떻게 해야 하는지 물어보라. 그리고 당신에게 가장 맞는 금식의 시간을 정하고 실천해보라.

3. 이번 주에는 식사를 하거나 간식을 먹을 때 그 맛을 깊이 음미하면서 먹어보라. 포도나 사과를 한 입 베어 물고 하나님이 이 열매를 허락하신 것에 감사하라.

5

온전한 마음

●사무엘상 7:3-13●

금식은 우리에게 하나님만을 즐거워하는 법을 가르치면서, 한편으로는 우리의 본성 가운데 사라져야 할 것들이 무엇인지 보여주기도 한다. 우리는 평소에 즐기는 것들(음식, TV, 쇼핑)을 끊고 더욱 정직하고 간절한 마음으로 하나님께 나아간다. 그곳에서 우리는 하나님의 풍성하심을 접하고, 그분은 진정으로 우리의 필요를 채워주신다. 배고프고 외롭고 지쳤을 때, 금식은 지금까지 우리를 통제해온 것은 무엇이며 자유롭게 되어야 하는 것은 어떤 것인지 드러낸다. 이러다가 우리는 자신의 숨겨진 허물들을 대면하게 될까봐 두렵다. 이런 이유 때문에 우리는 금식을 통해 종종 회개와 죄 고백으로 인도함을 받는다. 그 결과 우리는 새로운 차원의 겸손과 단순함, 그리고 평화를 경험한다.

규칙적으로 금식을(혹은 다른 절제를) 연습한다면 우리는 하루하루를 살아가는 동안 자신이 원하는 것을 얻지 못하더라도 낙심하지 않는 법을 배우게 된다. 우리는 오직 하나님만을 자원으로 삼은 '시냇가에 심긴 나무'가 되어 그분께로만 공급받는 삶을 살기 시작한다. 그래서 우리의 성품이 자라고, 하나님께서 얼마든지 그 나라의 종으로 사용할 수 있는 그런 사람이 되어간다.

하나님께 돌아서기

당신이 원하는 것을 얻지 못했을 때 오히려 마음이 하나님께 향하게 되었던 적이 있는가?

말씀을 통해 하나님 음성듣기

하나님의 임재를 상징하는 언약궤를 이스라엘 본국으로 송환해오지 못한 것이 20년이 넘은 상태였다(삼상 7:2). 그동안 그들은 우상 숭배에 빠졌고 여기서 돌이키기 위해서는 강력한 회개가 필요했다. 그래서 금식하면서 자신의 죄를 자복했고, 이때 그들의 마음은 숨김없이 드러났다.

사무엘상 7:3–6절을 읽으라.

1. 이스라엘 백성이 하나님께 돌아오기 위해 필요한 두 가지는 무엇인가? 이방 신들과 아스다롯을 '제거' 한다는 것은 어떻게 하는 것을 말할까(3)? 또한 마음을 주님께 향하려면 가장 먼저 무엇을 해야 할까?

> 금식은 우리가 지나치게 애착하는 것들과 그 뒤에 도사리고 있는 선입견들을 드러낸다.
> _마조리 톰슨

2. 우리 중에 있는 이방 신과 아스다롯은 무엇인가? 이와 관련하여 당신은 특히 어떠한 경험이 있는가?

3. 사무엘은 왜 이스라엘에게 미스바로 모이라고 했을까(5-6)? 이스라엘 백성으로 하여금 먼저 우상을 제거하게 한 후에 회개를 시작한 것은 어떤 의미가 있는가?

사무엘상 7:7-9절을 읽으라.

금식은 우리가 원하는 것을 얻지 못할 때에도 유쾌하고 강건해지는 법을 가르쳐준다.
_ 달라스 윌라드

4. 겉으로 보면, 백성이 한 곳에 모여 금식하고 죄를 고백하고 회개한 후에 블레셋과의 싸움이 더욱 치열해졌다. 이때 이스라엘은 이 갈등을 어떻게 잘 준비할 수 있었는가?

5. 당신이 금식하고, 고백하고, 제사를 드리는 이스라엘 백성 가운데 한 사람이 되었다고 가정하자. 이렇게 하나님만 바란다면 당신의 전인격은 어떻게 변하겠는가? (먼저 당시의 상황을 떠올려보면서 오감이 어떻게 자극될 것인지 생각해보라.)

사무엘상 7:10-13절을 읽으라.

6. 하나님은 블레셋 사람들로부터 구해달라는 그들의 기도에 어떻게 응답하셨는가(10)? 이때 이스라엘은 용기를 얻어 어떻게 싸웠는가(11)? 우리가 하나님의 도우심을 더욱 잘 기억하려면 무엇이 필요할까(12-13)?

7. 금식의 결과로 얻어진 겸손, 인내, 그리고 평화로움으로 우리는 어떻게 더 '단순' 해지는가?

8. 당신이 하루 정도 사람들과의 대화, 혹은 쇼핑이나 미디어 혹은 전화기 사용을 멀리하고 오직 하나님 앞에서 살아가고 그분께 집중하려면 이를 위해 삶을 어떻게 재조정해야 하겠는가?

> 회개에 관해 기록하고 있는 고대 기독교 문헌은 아름답기 그지없어서 단순함, 겸손, 평화로움으로 가득하다. 그것은 자학적인 자기 비하가 아니라, 행동으로 이어지는 재평가이다. 회개는 감정이 아니라 깨달음이다.
>
> _ **프레데리카 매튜-그린** (Frederica Mathewes-Green)

깨달은 말씀에 순종하기

다음 내용 가운데 한 가지 이상을 실천에 옮기라.

1. 오늘밤, 혹은 이번 주에 당신이 꼭 하고 싶었던 것을 못하게 됐다고 해보자. 그때 어떤 기분이 들겠는가? 분노? 실망? 무기력감? 외로움? 만일 그 일이 하나님께서 의도하신 사건이었다면 어떻게 할 것인가? 이 일을 통해 당신과 더욱 가까워지시려는 그분을 생각해보라.

2. 에스라 8:21-32절을 연구하라. 이 구절을 통해, 금식은 우리를 어떻게 겸손하게 하고, 또한 긴급한 상황에서 하나님을 의지하도록 가르치며, 봉사의 능력과 은혜를 준비할 수 있게 하는지 배우라.

3. 당신이 넘어지고 자주 뉘우치는 습관적인 죄에 대해 생각해 보라. 오늘 말씀을 보면, 그 문제의 원인이 어디에 있다고 생각되는가? 여기서 철저히 회개하고 돌이키려면 어떻게 해야 하겠는가? 그런 다음 마음을 온전히 내어놓고 하나님을 예배하자.

6

금식을 통한 성장

● 마태복음 6:16-18; 이사야 58:1-11 ●

한 친구가 금식을 시작했을 때 난 그가 진심이라는 것을 알았다. 그의 딸이 가출한 뒤로 며칠 동안 집에 연락을 하지 않은 것이다. 처음에는 자신이 지금 얼마나 심각하고 간절한지 하나님께 보여드림으로써 딸이 돌아왔으면 하는 마음으로 시작했지만, 금식을 하다보니 집을 나간 딸이 느꼈던 고통에 점점 눈물을 흘리며 슬퍼할 수 있게 되었다. 가출한 딸을 두었다는 그의 수치심은 눈 녹듯이 사라졌다. 하나님은 그에게 딸을 향한 마음을 주심으로써 아이가 돌아왔을 때 둘 사이에 진정한 화해가 이루어지도록 하셨다.

우리는 잘못된 이유 때문에 금식하기가 쉽다. 금식은 다른 사람들이 우러러 볼 수 있는 영적인 훈장이나 우월감을 보장해주는 확실한 증표로 전락할 수도 있다. 비록 우리가 금식을 비밀로 간직하더라도, 금식의 횟수와 기간을 '늘리려고' 노력하는 가운데 자기 만족의 근거가 될 수도 있기 때문이다. 금식을 하는 동기는 너무도 중요하기 때문에 신약은 그 동기에 대해 엄히 경고한다.

그렇다면 금식의 올바른 동기는 무엇인가? 리처드 포스터는 금식의 유일한 동기가 "긴급한, 혹은 우리를 재촉하는 정의감이 되어야 한다"고 말했다. 우리가 그러한 하나님의 부르심을 듣는 것은 우리가 하나님과 연결되어 있고 또한 그분과 더 가까워지기를 기대하기 때문이다.

하나님께 돌아서기

당신은 혹시 자신이 잘 절제할 수 있었던 것(예를 들어 잠이나 음식, 혹은 휴식이나 쉬는 시간 등)을 잘 참아내지 못하는 다른 사람들을 보고 마음이 높아진 적은 없는가?

말씀을 통해 하나님 음성듣기

첫 번째 본문에서 예수님은 금식의 동기와 자세에 대해 구체적이고 자세하게 말씀하셨다. 두 번째 본문은 금식에 관한 유다 백성들의 잘못된 동기를 꾸짖으면서 하나님께서 보시는 참된 금식은 무엇인지 말씀하신다.

마태복음 6:16-18절을 읽으라.

1. 외식하는 자들은 금식할 때 슬픈 기색을 띠고 얼굴 표정을 일그러뜨림으로써 어떤 보상을 받았는가(1)?

2. 우리의 금식은 어떻게 해야 "영과 생명이 빠진 속빈 강정"이 되지 않을 수 있을까?

> 하나님은 단순히 우리가 무엇을 하는지 관심을 갖고 계실 뿐 아니라 왜 그것을 하는지에 관심이 많으시다. 제 아무리 올바른 행동이라도 만일 그것이 잘못된 동기에서 행해진 것이라면 하나님이 보시기에 그 모든 가치는 사라지게 될 것이다.
>
> _아더 월리스 (Arthur Wallis)

어떤 영성 훈련을 하든지 우리가 자신에게 반드시 물어야하는 질문은, 이 훈련을 통해 하나님께서 내 안에서 이루고자 하시는 것이 무엇인가 하는 것이다.
_마조리 톰슨

3. 당신이 금식하는 동안 깊은 아픔을 느꼈다고(슬픈 기색, 16절) 가정해보자. 그래도 여기 나타난 예수님의 지시를 따르기 위해 즐거운 것처럼 가장해야 하는가? 왜 그런가(그렇지 않은가)?

4. 금식과 같은 영성 훈련은 가급적 왜 비밀로 해야 하는가?

이사야 58:1-11절을 읽으라.

5. 이 백성들이 보여주는 이기적인 행동들을 볼 때, 그들이 겉으로는 금식하면서 마음속으로는 어떤 일들이 진행되고 있는지를 드러내는가(3-4)?

6. 하나님이 말씀하시는 금식은 유대인들이 행하는 금식과 어떤 점이 다른가(5)? 어떻게 해야 우리의 금식에 자비, 공의, 해방, 혹은 너그러움과 같은 행동들이 포함될 수 있겠는가(6-7)?

7. 영적 훈련과 관련된 다음 질문들 가운데 당신의 동기에 관해 언급하는 항목이 있다면 무엇인가?

_ 금식하려고 하는 이 의지가 하나님이 주신 것이라고 확신하는가?
_ 나의 동기는 올바른 것인가? 혹시나 다른 사람에게 잘 보이려는 욕심이 조금이라도 숨겨져 있는 것은 아닌가?
_ 이 금식의 목적은 무엇인가? 개인적인 성화나 헌신인가? 아니면 중보인가(특별한 부담 때문에)? 하나님의 개입, 인도하심, 축복인가? 압제에서 벗어나기 위해선가? 자기 자신이나 다른 사람들의 영적인 충만함을 위해서인가?
_ 나의 개인적인 축복을 바라는 마음은 다른 사람에 대한 진정한 관심과 균형을 이루는가?
_ 나는 다른 무엇보다 주님을 위해 일하는 데 전념하는가?

금식은 인간의 마음에 깃든 교만을 하나님께서 바로잡아 주시는 것이다.
_아더 월리스

8. 외식하는 자들은 금식을 어떠한 감투나 훈장 정도로 여겼다. 우리에게는 자기가 다른 사람들보다 영적으로 더 낫다는 것을 입증하기 위해 사용하는 영성 훈련들은 없는가?

9. 만일 당신이 금식을 해야 한다면, 어떤 금식을 하겠는가?

■금식 기간 :
_ 일주일에 한 끼 금식하기
_ 일주일에 하루 금식하기

■금할 항목 :
_ 음식을 완전히 끊기: 음식은 일절 먹지 않고 최소한의 물만 먹기
_ 부분적 금식: 기름진 음식, 고기나 포도주를 먹지 않기(단 10:3)
_ 평소에 잘 먹던 음식들을(빵, 설탕을 넣은 음식) 부분적으로 절제하기
_ __________ 절제하기 (행동)

깨달은 말씀에 순종하기

다음 내용 가운데 한 가지 이상을 실천에 옮기라.

1. 이사야 58:6-11절 가운데 하나의 낱말이나 구절을 고르라 (아마 '흉악의 결박을 풀어주고' '네 빛이 새벽 같이 비췰 것이며' '마른 곳에서도 네 영혼을 만족케 하며' 등이 될 것이다). 그 한 구절을 묵상하면서 어떻게 하면 자비, 공의, 해방, 혹은 너그러움의 행동이 포함된 금식을 할 수 있을지 생각해보라.

2. 당신이 실천하고 있는 다른 영성 훈련에 대해 다음과 같은 질문을 해보라.

   - ~을 섬기려는 나의 바람이 하나님이 주신 것이라고 확신하는가?(섬김의 훈련)
   - 나는 왜 ~를(성가대 등) 하는가?(예배)
   - 다른 사람들과 교제하는 것은 개인적인 축복을 위해서인가, 다른 사람들을 위한 순전한 관심에서 비롯된 것인가?(공동체)

3. 금식이나 다른 훈련들에 포함된 동기들을 고백하는 진솔한 기도문을 작성해 보라. 그러한 고백을 하면서 하나님의 은혜를 받아들일 수 있도록 하라. 하나님께서 당신의 마음을 변화시켜서 순수한 동기로 감당하게 해달라는 기도로 마무리 하라.

그리스도의 심장을 가진 리더여,

당신 앞에 있는 영혼들은 주님의 양떼들입니다.

자신이 바로 서는 만큼만 그들을 세울 수 있음을 기억하십시오.

우리가 그를 전파하여 각 사람을 권하고

모든 지혜로 각 사람을 가르침은

각 사람을 그리스도 안에서 완전한 자로 세우려 함이니

이를 위하여 나도 내 속에서 능력으로 역사하시는 이의 역사를 따라

힘을 다하여 수고하노라 (골 1:28,29)

리더들에게 드리는 글

(소그룹 인도법)

할렐루야! 두렵고 떨리는 마음으로 영혼들 앞에 서는 당신에게 하나님의 은혜와 긍휼이 더욱 많이 부어지기를 기도한다. 사람들에게 진리를 가르치고 한 모임을 인도한다는 것은 결코 작은 일이 아니다. 그들은 하나님께서 자신의 피로 사신 거룩한 사람들이며 장차 영원한 하나님 왕국에서 주님을 함께 섬길 귀한 영혼들이다. 먼저는 하나님께서 당신을 온전히 붙들어 주셔서 영적인 권위와 성령의 충만함으로 모임을 섬길 수 있도록 간절히 기도하라. 아무리 많은 지식과 완벽한 준비를 했다 하여도 당신이 모임의 주인행세를 해서는 안 된다. 그 자리를 성경의 저자요 하나님이신 성령께 내어드리라. 당신은 각 사람들에게 주님의 말씀과 인도하심이 분명히 전달되도록 하는 겸손한 안내자임을 명심하라. 하나님께 겸손히 은혜를 구하고 참석하는 각 사람을 주님께 올려드리는 일이 가장 우선이다.

그렇지만 공부를 준비하는 일을 소홀히 해서는 안 된다. 당신은 각 과에 대해 충분히 연구하고 배경지식과 여러 번역성경을 참조하며, 할 수 있다면 원어에 대한 이해도 갖추어야 한다. 그리고 이 모든 일이 한 가지

방향으로 연결되어 나타나도록 하라. 곧 "각 사람을 그리스도 안에서 온전한 자로 세우는" 일이 그것이다.

본 교재는 어떠한 종류의 그룹에도 적용할 수 있다. 학생들이나, 전문가 집단, 이웃이나 교회의 지체들도 사용할 수 있다. 그리고 각 과는 약 45분에서 60분 정도에 끝낼 수 있도록 되어 있다.

: 소그룹 준비 :

이전에 소그룹을 한 번도 인도해본 적이 없더라도 염려하지 말라. 본 교재는 쉽게 인도할 수 있도록 구성되어 있다. 관찰에서 해석을 거쳐 적용의 과정을 밟으면서 여러 질문들이 나오게 마련이고 공부하다 보면 이것들이 자연스럽게 연결되는 것이 느껴질 것이다. 리더인 당신은 성경이 어떻게 말씀하는지 사람들로 하여금 스스로 발견하고, 하나님이 인도하시는 음성을 듣도록 도와주면 된다. 사람들은 단순한 강의보다 이러한 방법을 통해 자신이 들은 바를 훨씬 더 잘 기억한다.

1. 하나님께 성경 본문을 잘 이해하고 삶에 말씀을 적용시킬 수 있도록 도와달라고 간구하라. 또한 그룹에 참여하는 다양한 사람들을 위해 기도하는 것을 잊지 말라. 하나님이 말씀하시는 바를 듣게 하시고 그에 따라 살아갈 수 있게 해달라고 구하라.
2. 각 과를 공부할 때, 제시된 성경구절들을 재차 반복하여 읽으면서 말씀에 익숙해지도록 하라. 본격적으로 준비하기 전에 각 과의 요점이 무엇인지를 확인하라. 이를 위해 다음에 나오는 〈인도자 지침〉을 참고하라. 곁에 두고 볼 수 있는 성경 사전이 있으면 좋다. 익숙하지 않은 단어나

인명, 지명 등을 찾아보는 데 사용한다.

3. 각 과에 나온 질문들을 조심스럽게 검토해보라. 어떻게 반응해야 할지를 생각하며 묵상하는 데 시간을 들이라. 교재의 빈칸에 자신의 생각을 적어보라.
4. 어떻게 하면 성경을 자신의 삶에 적용할 것인지를 깊이 생각하라. 조원들은 함께 공부한 내용들을 당신이 어떻게 지켜나가는지를 눈여겨보고 그대로 따른다. 그들은 당신보다 앞서 나갈 수 없다.

: 성경공부 실제 인도법 :

1. 정시에 모임을 시작하라. 모두 오지 않았더라도 정시에 시작하고 끝내는 것을 원칙으로 하는 게 좋다.
2. 첫 과를 나갈 때, 단순히 일방향 강의가 아니라 활발한 토론을 통해 공부해 가겠다고 선언하라. 모든 조원들이 즐겁게 참여할 수 있도록 리더는 사람들을 격려하고 의미있는 질문을 던지는 것이 좋다.
3. 참석자들에게 다음과 같은 지침을 말해주라.
   - 토론할 때는 논의되는 주제에만 집중하십시오.
   - 성경 말씀에 기초하여 답변하도록 하십시오. 주석이나 어떤 권위자의 말을 인용하는 것은 삼가십시오.
   - 모임 안에서 나온 얘기는 비밀로 취급되어야 하며 특별한 허락이 없는 한 모임 밖에서 말해서는 안 됩니다.
   - 모임에 활발하게 참여하는 편이라면 조금 말수를 줄임으로써, 대체로 조용한 사람이라면 좀더 적극적으로 참여함으로써 모두가 모임에서 자기 역할을 잘 감당하도록 합시다.

- 다른 사람의 이야기를 경청하고 서로에게 배워야 합니다.
- 서로를 위해 기도해줍시다. 특히 누군가가 힘들게 답변할 때 그렇게 합시다. 말을 끊기보다 기도하는 것이 더 좋습니다.

4. 모든 과는 〈하나님께 돌아서기〉라는 부분으로 시작한다. 각 과에서 공부할 성경 본문을 읽기 전에 이 질문을 반드시 짚고 넘어가라. 여기에 나온 질문들은 각 과의 주제가 무엇인지를 보여주고, 자기 이야기를 하면서 공부를 시작할 수 있도록 돕는다.
5. 〈말씀을 통해 하나님 음성듣기〉 부분은 말 그대로 말씀을 공부하며 하나님이 각자에게 말씀하시는 것을 듣도록 되어 있다. 각자가 성경 본문을 큰 소리로 읽어보라. 자신의 언어로 말씀을 풀어 써 보아도 좋다.
6. 각 과의 마지막에는 〈깨달은 말씀에 순종하기〉라는 부분이 있다. 사람들에게 이 부분을 큰 소리로 읽히라. 그리고 각각의 참여자들에게 자신의 개성이나 현재 형편에 잘 맞는 문제 하나 이상을 택하도록 하라. 그리고 그 문제를 위해 어떤 식으로 노력할 것인지를 모임 앞에서 서로 나누라.

   다음 과가 시작되기 전에 〈깨달은 말씀에 순종하기〉를 위해 수고한 경험들을 얘기하는 시간을 갖는다. 당신이 어떻게 살았는지를 먼저 보여주라. 실패했다고 여기는 것들이 실상은 실패가 아닐 수 있다. 이것들은 모두 다 온전함을 향해 나아가는 재료가 된다. 처음에 자전거를 타고 연습하지 않으면 자전거 타는 법을 배울 수 없다.
7. 토의 문제에 대해 사람들이 답변을 잘 안 한다 해서 부담스러워 하지는 말라. 자신의 생각을 말하기 전에 정리할 시간이 필요할 수도 있다. 20초 정도가 흐르면 당신이 간단히 짚고 넘어가라.
8. 모든 이들의 의견이 소중하다는 것을 인정해주라. 틈날 때마다 이 사실을 주지시켜라. 그 누구의 답변도 무시하지 말라. 만일 초점을 벗어난

게 분명하다면 "어떤 말씀을 통해 그런 결론에 이르게 되었나요?" 라고 묻든지, 다른 사람들은 어떻게 생각하는지를 말하게 하라.

9. 논쟁을 두려워하지 말라. 그것은 때로 모임을 활성화시킨다. 당신이 해결할 수 없다 해도 너무 기죽지는 마라. 공부를 계속해 갈수록 하나님께서 사람들에게 밝은 빛을 던져주실 것이다.
10. 자연스러운 기도로 모임을 마쳐라. 당신이 제안하는 기도로 끝내도 좋다. 앞으로 배운 바를 실천하고자 할 때 하나님께서 도와주시도록 간구하라.

이와 관련하여 더욱 상세한 도움을 얻으려면 「성장하는 소그룹의 비밀 55가지」(좋은씨앗)를 참조하라.

인도자 지침

1. 온 몸이 밝은 사람 (마태복음 6:19-23, 33)

이번 장의 초점 : 우리가 단순함을 연습하는 이유는 자신의 삶을 재조정하여 하나님과 하나님 나라를 구하기 위해서이다.

〈질문 1〉 "팔레스타인 지방에서 대부분의 집들은 진흙을 구워 벽을 만들었다. 그래서 도둑들은 말 그대로 벽에 구멍을 뚫고 침입할 수 있었다. 당시에는 도둑이 허술한 벽에 구멍을 뚫고 들어와 집에 보관해둔 보물을 가져가는 일이 심심치 않게 일어났다."[1]

〈질문 2〉 사람들이 자신이 아끼는 것이나 그런 것들을 쌓아두기에 안전하게 느끼는 장소에 대해 의견을 나누게 하라. 우리가 가진 것이 많을수록 그것을 지키고 관리하고 투자하는 데 더욱 많은 고민과 번민을 하게 된다. 돈이 많은 부자들은 정말 행복해보이지만 그것을 안전하게 지키기 위해 상상 이상의 많은 에너지를 소비한다. 이를 위해 불법이나 편법, 착취, 비정상적인 금융거래(사채 등)와 같은 일에 더 많이 휘말리게 되고 마음은 점점 거기에 빼앗기게 된다.

〈질문 3〉 오랫동안 애써 모은 재산이나 소중한 가치들을 한 순간의 실수나 사업 실패로 다 날려버린 경험이 있을 것이다. 이 일로 수많은 좌절과 쓰라린 밤을 지나야 했을지 모른다. 이로써 배운 것이 있다면 무엇인가? 인생목적과 방향이 전환되었거나 하나님을 더 깊이 만나게 되었는가? 아니면 아직도 그 어두움의 밤에서 헤어 나오지 못하여 방황하고 있는가? 그런 사람을 알고 있다면 중보하는 시간을 갖자.

〈질문 4〉 무엇을 보물로 여긴다는 것은 그것을 아끼고 사랑하고 보존하고 그것에서 힘을 얻으며 살아간다는 의미이다. 눈에 보이지 않는 마음이지만 그가 무엇을 가장 아끼는가를 보면 그의 마음 역시 알 수 있다. 하나님을 보물로 여기는 사람이라면 하나님께 마음이 가 있는 사람이며 마음과 목숨과 힘을 다하여 주님을 사랑하는 사람이다(막 12:28-34). 우리가 하루 종일 주로 무슨 생각을 하면서, 어디에 재물을 많이 사용하며 살아가는지 유심히 살펴보라. 그것이 바로 우리가 소중하게 여기는 것들이다.

〈질문 5〉 KJV는 'single' (NIV는 'good' 으로 번역)이라는 말을 사용하고 있는데, 이 헬라어에 '하나뿐인, 순전한' 이란 의미가 있기 때문이다.[2] 「바인의 신약용어 사전」(*Vine's Dictionary of New Testament Words*)에는 " '단일한' 목적은 우리가 '두 종류의' 보물이라는 달콤한 덫에 빠져 결국 하나님께만 드려야 할 마음이 나누어지는 것을 막아주는 역할을 한다" 고 말한다. 우리가 먼저 그의 나라와 의를 구하려 한다면 이처럼 오직 하나님 한 분께만 집중된 마음이 반드시 필요하다.

이때 온 몸은 빛으로 가득해지는데, 이것은 내밀한 영혼 안에 밝게 빛나는 하나님의 생명이 겉사람을 통하여 흘러나오는 것을 표현한다. 그는 하나님께 집중된 영적 시각을 통해 자기 내면에 심겨진 하나님의 생명으로 살아갈 수 있게 된 것이다.

〈질문 6〉 우리가 두 주인을 '지혜롭게' 섬기고 있다고 생각한다면 사실은 하나님을 버리고 재물의 종이 되었다는 의미이다. 두 주인을 동시에 섬길 수 없는 것은 온 우주의 보좌는 오직 하나이기 때문이다. 영적인 세계에서 회색 지대는 없다. 하나님이 우리의 왕이 되지 않는다면 거기에는 다른 것들이 왕노릇한다.

〈질문 7〉 오직 하나님만이 주시는 보물과 사랑을 맛본 사람은 비록 때때로 세상의 유혹이 있을지라도 금방 주님의 품으로 되돌아온다. 문제는 우리가 하나님과 그분의 말씀으로부터 받는 영향보다 더 많은 영향을 세상으로부터 받고 있다는 것이다. 우리는 유혹과 싸워 이길 수 없다. 우리 안에 거하는 풍성한 하나님 나라만이 그런 유혹을 쫓아낼 수 있다.

〈질문 8〉 어떤 사람은 '땅에 있는 보물' 이라고 말하겠지만, 본문의 문맥을 볼 때 우리의 일상적인 필요들인 먹을 것, 마실 것, 입을 것, 잠잘 곳(25-32절)을 가리키는 것으로 보인다. 우리가 하나님의 나라와 그의 의를 구할 때 주님은 우리가 원하는 "땅의 보물"을 주신다는 것이 아니라, 그 소명을 이루어가는 데 꼭 필요한 것들에 대해 적절하게 공급하실 것을 말씀한 것이다.

〈질문 9〉 우리는 하나님 나라와 그의 의를 구하는 삶에 대해 막연하게 생각한다. 하지만 본문의 말씀은 산상수훈의 가르침 안에 포함되어 있으면서, 주기도문의 구체적인 실천 방안으로 언급하신 것이다. 즉 우리가 주기도문의 정신대로 살아가는 것이 바로 하나님 나라와 그분의 의를 구하는 삶인데, 이것은 곧 산상수훈의 전체 가르침을 아우른다. 즉 마태복음 6:33절은 우리가 산상수훈대로 살며 하나님의 뜻을 이루어가는 모습을 핵심적으로 요약한 것이다.

2. 적을수록 좋다 (마태복음 6:24-34)

이번 장의 초점 : 단순한 삶을 살아가려면 우리의 삶을 재조정하여 재물과 걱정에 마음을 빼기지 않고 한 가지 목적에 전념하며 살아가야 한다. 우리의 목적은 바로 가장 적은 소유로도 가장 충만한 삶을 사셨던 예수님처럼 사는 것이다.

〈질문 1〉 생명은 이 모든 것들보다 더 중요한 것이다(25). 우리는 하나님께서 돌보시는 새와 들의 풀보다 더 귀하다(26, 30). 무엇보다 걱정은 "생활에 대한 염려와 모아 놓은 재물과 여러 가지 책임이나 세상 쾌락들에 휘말려 열매를 제대로 맺지 못하게" (눅 8:14, 현대어성경) 한다. 우리가 걱정한다고 이루어지는 것은 아무것도 없다(27-29).

우리는 하나님이 친히 돌보시는 존재이기 때문에 이런 것들로 염려해서는 안 된다. 우리에게는 "우리 존재보다 더 큰" 부르심이 있기 때문이다(33). 하나님이 직접 책임져 주시는 삶을 살고 싶지 않은가? 내가 하나님께 나의 전부를 던지면 하나님은 나를 받아주시고 내 인생을 친히 그 뜻대로 인도해주신다.

〈질문 2〉 우리가 당면한 문제는 하나님의 일하심을 구할 수 있는 기회일 수 있다. 우리는 그런 시절(사건)을 하나님이 원하시는 인생을 살아가기 위해 내 인생을 구조조정하시는 은혜로 받아들일 수도 있고, 자기의 욕심을 더 채우기 위해 안달하게 될 수도 있을 것이다. 무엇을 선택하는가는 우리에게 남겨진 몫이다.

〈질문 3〉 우리는 "먹고 마시고 입는 것보다" 훨씬 더 중요한 생명(영혼)과 몸이 있음에도 불구하고, 그 생명과 몸보다는 그것을 둘러싸고 있는 '의식주' 에 과도한 집착과 관심을 기울이는 경우가 많다. 예를 들어 옷에 대해 지나친 신경을 쓰는 나머지 매일 인터넷 사이트나 쇼핑센터를 들락거리고 꼭 필요하지 않은 옷들을 많이 사들이며 이것으로 자신의 존재 가치를 높여보려는 마음이 있다면 어떻게 할 것인가? 나의 옷차림은 이웃들에게 존중받을 만하고 그들과 부담없이 어울릴 수 있게 하는가? 여기서의 기준은 내가 가장 자연스럽게 주님과 이웃을 섬길 수 있는가가 될 것이다.

당신이 어떤 옷을 입고 어떤 차림을 할 때 하나님을 구하고 하나님을 좇아 그 나라를 세우는 일(특히 다른 사람들을 사랑하는 일을 통해)에서 중심을 벗어나지 않겠는가를 고민해보라.

〈질문 4〉 하나님께서 "이 모든 것이 너희에게 있어야 할 줄을" 아신다는 말씀에도 불구하고, 우리는 하나님이 우리에게 무관심하고 때로는 버리셨다는 느낌이 들기도 한다. 그러나 이 말이 곧 "우리가 원하는 모든 것을" 허락해주신다는 의미는 아니다. 하나님께서 우리의 사정을 누구보다 잘 아시고 우리를 위한 선한 계획을 갖고 계시다는 뜻이다. 한마디로 "하나님이 내 편" 이라는 사실을 이해하고 그분의 사랑과 인도를 절대 신뢰하는 데에서 염려의 유혹으로부터 풀려날 수 있다. 염려는 단순하게 하나님의 목적을 따르지 않고 이리저리 갈팡질팡하는 데에서 생겨나는 '마음의 분열' 현상이라 할 수 있다. 하나님께만 집중된 마음을 가진 사람들은 '단일' (single-minded)하고 자연스러우며 단순하게 살아간다. 무엇보다 이러한 염려가 당연한 것이 아니라 하나님을 신뢰하지 못하는 죄라는 사실을 깨닫고 돌이키는 것이 중요하다.

〈질문 5〉 우리가 도를 넘어 골몰하고 있는 취미나 근심거리들은 무엇인지 찾아보자. 퇴근 후 주어진 여유 시간을 과도한 TV시청과 영화 감상, 인터넷 검색 등으로 허비함으로 주님의 음성을 듣지 못하거나 번잡한 마음으로 잠자리에 들지는 않는가? 습관적인 야근이나 집에 일거리를 가져와서 하는 바람에 꼭 필요한 영혼의 휴식 시간을 갖고 있지는 못하는지? 갚아야 할 빚과 과도한 채무 등으로 인해 노심초사하며 초과 근무를 하거나 이로 인해 분주한 마음이 되지는 않았는지? 이런 취미나 추가 업무들은 때때로는 필요한 것이 사실이지만, 가장 큰 문제는 이런 일에 전적으로 사로잡혀 정작 우리가 구해야 할 "하나님 나라와 그의 의"에 대해서는 포기하는 것이다. 이러한 "영적인 기회 비용"은 종국에는 우리의 영혼을 갉아먹는 악성 종양이 될 것이며, 이런 일들로 염려와 근심이 많아질수록 우리의 영적 건강에는 적신호가 켜진다.

〈질문 6〉 우리는 '큰 일과 미치지 못할 기이한 일'(시 131:1)에 마음을 쏟기보다는 자기 목전에 놓인 간단한 일을 믿음으로 처리하는 법을 배워간다. 당신에게 하루는 자신이 원하는 일을 모두 이루기에는 충분하지 못할 수도 있다. 단순함이란 이렇게 제한된 시간과 기회들을 재조정하여 가장 중요한 핵심가치들을 이루어가는 일이다. 우리는 과거나 내일이 아닌 '현재' 바로 오늘을 믿음으로 살아가야 한다.

〈질문 7〉 참석자들에게 다음의 질문들을 던져 보라. "하나님을 가장 신뢰할 수 있었던 때는 언제입니까? 그때는 왜 그랬습니까? 지금 그렇게 되지 않는 이유는 뭔가요?" 그런 신뢰의 경험이 없는 사람에게는 모든 걱정을 다 주님께 맡기도록(cast, 벧전 5:7) 도전해보라. "당신의 모든 근심들, 걱정거리와 염려, 골몰하고 있는 모든 것들을 단번에 그분께 던져버리십시오. 왜냐하면 그분이 당신을 깊은 애정으로 주의 깊게 돌보시기 때문입니다"(벧전 5:7, AMP 직역). 하나님과 피상적인 관계를 맺고 있다면 도저히 걱정과 염려를 내려놓을 수가 없을 것이다. 하나님보다 그런 문제들이 더 커 보이기 때문이다.

3. 간결한 말 (마태복음 5:33-37)

이번 장의 초점 : 말에 있어서 단순함이란 많은 말로 상대방을 조종하거나 납득시키려 하지 않는 것이다. 이런 사람은 사실을 있는 그대로 말하고 나머지는 하나님께서 일하실 것을 확신한다.

〈질문 1〉 옛 사람들에게 "헛 맹세를 하지 말고 네 맹세한 것을 주께 지키라"(레 19:12, 민 30:2 참조)고 하신 것은 하나님과 사람들에게 한 약속들을 지키며 항상 진실만을 말하라는 의도였다. 당시 사람들은 "맹세를 절대적으로 구속력이 있는 것과 그렇지 않은 두 가지로 분류하였다. 하나님의 이름이 포함된 모든 맹세는 절대적으로 지켜져야 하고, 하나님의 이름을 빠져 있다면 그런 구속력이 없었다."[3] 다른 곳에서 예수님은, 제단으로 맹세하는 것은 지키지 않아도 됐지만 성전의 금으로 맹세한 것은 반드시 지켜야 한다는 그들의 둘러대기식 궤변에 대해 날카롭게 지적하신 바 있다(마 23:16-22).

〈질문 2〉 유대인들은 맹세 안에 하나님의 이름이 들어 있어야만 "하나님께서 그 계약의 당사자가 되신다"[4]고 믿었다. 이런 경우에 하나님의 이름이 포함된 맹세를 할 때는 그분 앞에서 산다는 생각이 있었지만, 하나님의 이름이 빠져 있다면 함부로 살거나 약속(맹세)을 지키지 않아도 무방하다고 여겼던 것 같다. 그러나 하나님은 설령 그분의 이름이 포함되지 않았더라도 모든 곳에 존재하신다. 우리의 모든 언어 생활은 하나님의 임재 앞에서 드리는 예물이 되어야 한다. 더군다나 예수님은 우리가 '맹세' 해서는 안 된다고 말씀하시는데, 우리에게는 그 맹세를 반드시 지켜낼 만한 능력이 없기 때문이다.

〈질문 3〉 이렇게 되면 우리의 삶은 '거룩한' 부분과 '세속적인' 부분으로 나누어진다. 이른바 '세속적인' 부분에서는 자신이 원하는 대로 행동하게 된다. 그래서 우리의 마음은 온전한 하나가 되지 못하고 우리의 증거는 힘을 잃는다.

〈질문 5〉 성경은 "하늘로나 땅으로나 아무 다른 것으로도 맹세하지 말고 오직 너희가 그렇다고 생각하는 것은 그렇다 하고 아니라고 생각하는 것은 아니라 하여 정죄 받음을 면하라"(약 5:12)고 권면하고 "자기 혀를 재갈 물리"며(1:12), "말에 실수가 없는 자라면 곧 온전한 사람이라"(3:2)고 까지 한다. 그만큼 언어 생활은 우리의 변화된 인격과 깊은 연관이 있기 때문이다. 사람은 "무슨 무익한 말을 하든지 심판 날에 이에 대하여 심문을 받으리니 네 말로 의롭다 함을 받고 네 말로 정죄함을 받[게 된다]"(마 12:36-37).

단순함은 무료함과 동의어가 아니다. 우리는 오직 하나님 나라와 그분의 의를 구하기 위해 불필요한 영역들을 재조정하는 것이며, 모든 힘과 수고를 한 곳에 집중하는 것이다. 이렇게 단순한 삶을 살기 위해서는 참과 거짓을 분명히 하는 간결한 언어가 필수인데, 하나님 나라에서는 거짓이 허용되지 않기 때문이다. 사람은 자기 이익이나 기준에 따라 예와 아니오라고 말하지 않고 사랑 안에서 진리를 말하는 훈련을 해야 한다. 하나님 나라를 위해 단순하게 사는 사람들은 모든 허례를 버리고 진실함과 정직함으로 사람을 대한다.

4. 금식의 잔치 (마태복음 4:1-11; 요한복음 6:48-51)

이번 장의 초점 : 금식은 우리에게 그리스도만을 통해 양분을 공급받는 법을 가르쳐준다.

〈질문 1〉 예수님은 자신의 힘으로 상황을 해결하지 않으셨다. 능히 그럴 능력이 있었으면서도 자신의 배고픔을 채우려는 이기적인 목적으로 그 능력을 사용하지 않으신 것이다. 주님은 오병이어의 기적을 베푸실 때 이 능력을 사용하셨는데 이것은 사람들이 무엇을 양식 삼아 살아가야 하는지 분명히 보여주기 위해서였다.

〈질문 2〉 하나님께서 사십 년 동안에 이스라엘을 광야 길에 두신 것은 "너를 낮추시며 너를 시험하사 네 마음이 어떠한지 그 명령을 지키는지 지키지 않는지 알려 하심"(신 8:2)이었다. 이 사십 년 동안에 그들의 의복은 해어지지 아니하였고 발은 부르트지 아니하였다. 그들은 하늘에서 내려온 만나를 먹었으며 이것은 하나님의 입에서 나오는 모든 말씀으로 살아야 함을 가르치기 위한 것이다. 하나님의 입으로부터 나오는 모든 말씀으로 산다는 것은 바로 '그 말씀' 이요 '생명' 이신 예수 그리스도를 먹고 마신다는 뜻이다.

〈질문 3〉 무엇을 '먹는다' 는 것은 그것으로 생명을 유지하는 것이다. 우리가 음식을 먹고 육체의 생명을 유지하듯이 그리스도를 신뢰하며 그분에게서 나오는 양분으로 살아갈 때 우리는 그분을 '먹는' 것이다. 예수께서 세상에 오셔서 온전히 아버지만을 의지하며 사셨듯이 주님의 백성들은 그 모든 생활과 능력의 근원을 주님께 두어야 한다. 우리가 주님을 신뢰할 때 우리는 주님으로 말미암아 살아가는 것이다.

〈질문 4〉 금식은 우리의 육체를 지탱시켜주던 근원을 끊음으로서 오직 하나님께만 집중할 수 있게 해준다. 그럼으로써 우리는 하나님께서 도우시는 법을 배운다.

〈질문 6〉 당신이 금식(혹은 다른 것)하는 그 시간을 오직 하나님만으로 만족하기 위한 때로 삼으라. 예를 들어 시간과 상황 때문에 미뤘던 일(다른 이들을 위한 중보, 자신의 내면을 깊이 돌아보는 일, 전략적인 삶의 재배치 등등)을 할 수도 있다. 중요한 점은 이때 바쁘게 뭔가를 하지 말고, 내면의 움직임에 유의하여 하나님께 집중해야 한다는 것이다.

5. 온전한 마음 (사무엘상 7:3-13)

이번 장의 초점 : 금식은 우리로 하여금 진정한 자신의 목소리를 들을 수 있게 해주고, 신속히 죄를 뉘우치고 고백하는 자리로 인도한다. 그 결과 우리는 죄악된 습성, 특히 우리가 원할 때 원하는 것을 반드시 가져야만 했던 욕망에서 돌이키게 된다. 또한 인내와 겸손과 평화를 배운다.

〈질문 1〉 그들은 부적처럼 집에 모시며 자신들에게 도움을 줄 것이라 여겼던 상징물들인 이방 신상들과 아스다롯 같은 우상들을 불태우거나 땅 속에 묻어버려야 했다. 즉 그런 우상들로부터 얻던 마음의 위안이나 직간접적인 유익들을 기대하지 말아야 함이 마땅했다. 그 대신 이스라엘은 마음을 하나님께로 향하여 오직 주님만 섬겨야 했다. 그들은 현재 군사적으로도 정치적, 경제적으로도 매우 힘들고 부정정인 상황 속에 있었다. 그들은 아주 절박한 상황이었다. 우리에게도 절박한 경험들을 통해 하나님께로 돌이키게 된 적이 있을 것이다. 이때는 오직 하나님만이 구원의 유일한 이유이자 목적이 된다.

〈질문 2〉 참석자들 모두는 자신의 탐욕과 자기 연민, 게으름과 같은 문제가 있다. 특히 그들이 의지하는 재능이나 권력, 경제력 등이 하릴없이 무너졌던 경험은 없는지 살펴보라. 이로써 무엇을 얻게 되었는가?

〈질문 3〉 자기가 의지하던 우상들을 먼저 버리고 돌아서지 않고는 진정한 회개에 이르기 어렵다. 사람들이 자신의 어려운 상황만을 타개하고자 말로만 호소하고 얼마 안 있어 금방 돌아서는 것도 여전히 우상이 주는 즐거움과 힘을 의지하기 때문이다. "그들은 자신의 온 마음을 여호와께 쏟아 붓는다는 뜻으로 물을 길어다가 여호와 앞에 부으면서 종일 금식하고, 자기들의 모든 허물과 죄를 고백하였다. 사무엘은 그곳 미스바에서 이스라엘 백성의 법적인 문제들을 판가름해 주고, 온 백성의 사사가 되어 다스리기 시작하였다"(6절, 현대어성경). 이스라엘은 금식하면서 자신들의 죄악에서 돌이켰고 사무엘은 이런 그들에게 사사로써 다스릴 수 있었다.

인간의 영적인 상태에는 중간이 없다. 우리가 전적으로 하나님을 섬기며 그분을 의지하며 살아가지 않는다면 우리는 '다른 신'을 섬기고 있다는 증거를 보여주는 셈이다.

〈질문 4〉 그들과 하나님과의 관계는 충분히 회복되었기 때문에 이스라엘은 하나님을 의지할 수 있었다. 그러므로 그들은 사무엘에게 계속해서 하나님께 구원해줄 것을 부르짖어달라고 요청했다(8). 그렇지 않으면 그들은 두려움에 떨 수밖에 없었다. 그들은 이어서 "충성과 헌신"의 증표인 어린양을 통째로 제물로 드림으로써 하나님과의 관계를 계속 유지했다.[5] 제물을 드리는 것은 이스라엘 백성들이 오랫동안 수행해오던 영적 훈련이었다.

〈질문 5〉 금식을 통해 변화된 마음 가짐은 우리의 전인격에 영향을 미친다. 이스라엘 사람들은 제물이 타는 연기를 보고 냄새를 맡으며, 물을 길어다 부었거나 불에 구은 양고기를 맛보기도 했다! 그들은 모두 자기 귀로 사무엘의 부르짖음을 들었다. 이때 아마 다른 사람들도 함께 부르짖었을 것이다. 많은 이들이 자기 입술로 죄를 고백하는 상황이었을 것이다.

이러한 외적인 현상보다 본질적으로 더 중요했던 것은 자신들이 의지할 분은 오직 하나님 한 분 외에는 없다는 사실을 처절하게 깨달은 것이었다. 하나님은 이렇게 전적으로 당신만을 의지하는 자들에게 은혜와 능력을 베푸심으로 영광을 받으신다. 우리가 정기적으로 갖는 금식과 회개의 시간은 이렇게 오직 하나님만을 의지하게 함으로써 자신의 부족함을 채우고 속사람이 이 상황을 이겨낼 수 있도록 도움을 준다. "금식은 그리스도를 따르는 모든 이에게 요구되는 자기 부인을 실천하는 중요한 훈련 가운데 하나다. 우리는 금식 가운데 하나님을 기뻐함으로써 즐거운 마음으로 고통을 견디는 법을 배운다."[6]

〈질문 6〉 하나님은 초자연적인 방법을 통해 궁지에 몰린 이스라엘을 건져주셨다(10). 인간의 힘으로는 도저히 불가능한 상황 속에서 이러한 하나님의 개입은 이스라엘에게 큰 힘이 되었으며 그들은 도주하는 블레셋을 추격하여 격퇴하였다. 사무엘은 돌을 취하여 '에벤에셀'이라 이름하면서 주님의 도우심을 잊지 않고자 했다. 우리에게도 이와 같은 주님의 도우심에 관한 기념물들을 생각해볼 수 있다. 환난 중에 위로가 된 말씀과 그 깨달은 바들을 그 감동이 식기 전에 기록한다든지, 나의 삶에 전환점이 되어 준 신앙서적이나 사람과의 만남을 기념하기 위해 만남을 갖거나 그 책을 어려움에 처한 사람들에게 선물해 줄 수도 있다.

〈질문 7〉 금식은 종종 우리에게 분노나 지배욕이 있음을 드러낸다. 우리는 금식 가운데 회개하고 하나님께 고백할 기회를 얻는다. 한 사람은 금식과 관련해 이렇게 말했다. "놀랍게도 나는 금식이 끝난 후에야 금식으로부터 얻은 것을 깨닫기 시작했다. 나는 금식을 통해 나의 사역에 있어 더욱 분명한 목적의식을 얻게 되었고 새로운 능력이 생겼음을 알았다. 아내와 자식들에게 화를 내던 횟수는 현저히 줄어들었고, 내 영성에서 생기를 옭아매던 물질주의는 그 힘을 잃게 되었다."[7]

우리는 자신이 그토록 원하던 것들이 사실은 삶에서 본질적인 부분이 아니며 정말 구해야 할 소망과 그분의 의가 있음을 자각하게 될 것이다. 금식은 자신을 낮추고 하나님을 의지하도록 도와줌으로써 중요한 임무를 맡을 수 있도록 준비시킨다.

당신의 경험을 얘기해보고, 서로에게서 듣고 유익한 부분을 공유하라.

6. 금식을 통한 성장 (마태복음 6:16–18; 이사야 58:1–11)

이번 장의 초점 : 금식의 동기가 무엇인지 살펴보고 하나님이 기뻐하시는 참된 금식을 할 때 우리의 영혼은 풍성해진다.

〈하나님께 돌아서기〉 먼저 자신의 이야기로 토론을 시작하라. 가능하다면 당신이 이런 저런 것들을 절제한 것에 대해 얼마나 교만했었는지 이야기하는 것도 좋다.

〈질문 1〉 예수님은 자기 제자들이 실제로 금식했다는 사실을 전제로 하셨다("너희는 금식할 때"). 금식 자체는 잘못된 것이 아니지만, 사람들에게 잘 보이려고 하는 금식은 잘못된 것이다.

그들은 사람들에게 자신이 금식하고 있다는 사실을 말해주려고 애썼다. 그리고 사람들은 그것으로 인해 그들을 존경했다. 유대인의 금식일인 월요일과 목요일은 또한 사람들이 마을로 모이는 장날이기도 했다. "그 결과 그런 날에 사람들은 보란 듯이 금식하였고, 많은 이들은 그들의 경건을 존경하게 되었다. 어떤 사람들은 자신이 금식하고 있음을 다른 사람들이 못 알아보는 일이 없도록 일부러 몇 가지 조치를 취하기도 했다. 그들은 머리를 풀어헤쳐 헝클어뜨리고 일부러 더럽고 헤진 옷을 입고 거리를 돌아다녔다. 그것은 영적인 교만과 외식에서 나온 의도적인 행동이었다."[8] 이런 외식자들이 받은 상은 사람들의 존경, 그것뿐이었다. 그러나 하나님께 인정받지 못하는 사람의 영광은 헛것이며 허무한 것이다.

〈질문 2〉 단지 무엇을 금하는 것에 그치지 말고, 하나님과 당신을 하나님께 연결시켜주는 행동에 초점을 맞추라. 하나님의 공급하심을 의지하고 어떻게 하면 하나님을 즐거워할 수 있을지를 생각하라.

우리는 금식하기 전, 금식 기간 중, 그리고 금식이 끝난 후에도 계속해서 우리의 동기를 점검해야 한다. 동기가 잘못되었고 마음을 지키지 못했을 때 우리는 금식을 멈추어야 한다.

〈질문 3〉 외식은 금식할 때에도 마찬가지로 잘못된 것이다. 여기서 우리가 느끼는 고통은 다음 두 가지 가운데 하나를 지적해준다. 하나는 당신에게 회개할 무엇이 있으며 하나님께서 당신에게 말씀하시는 것에 귀를 기울여야 한다는 것이다. 다른 하나는 이 순간 당신이 행해야 하는 알맞은 훈련은 금식이 아니라는 점을 알려준다. 달라스 윌라드는 이렇게 말한다. "만일 우리가 금식을 잘 배우면, 금식을 고통으로 받아들이지 않을 것이다. 금식은 우리에게 능력과 기쁨을 가져다줄 것이다."[9]

〈질문 4〉 금식과 같은 영성 훈련은 우리의 내면을 가꾸고 돌아보는 일이기에, 겉으로 알려진다면 (금식의) 거룩한 목적이 방해를 받으며 내면은 어수선해진다. 이런 훈련은 철저히 하나님과 당신 사이의 개인적인 것이 되어야 한다. 당신과 가장 친한 친구가 어렸을 때 어떤 비밀을 함께 가질 수 있듯이 당신과 하나님도 서로에게만 의미가 있는 어떤 관심사가 있을 수 있다. 은밀함 역시 하나의 훈련으로 섬김과 헌금과 함께 자주 사용된다(이 시리즈의 제4권 「섬김과 은밀함」을 보라).

〈질문 5〉 그들은 금식한답시고 "여전히 사업을 계속하며 네 일꾼들에게 더 많은 일을 시킨다. 너희는 금식할 때마다 일꾼들과 다투며 심지어 악의적으로 그들에게 주먹질도 하였다"(3-4, 현대어성경). 즉 그들은 겉으로는 "날마다 나를 찾아 나의 길 알기를 즐거워"(2)한다고 말은 잘 했지만, 금식하면서 하나님께서 미워하시는 삶을 살아간다. 3절은 그들이 자신이 하고 있는 일들을 하나님이 알아주시기를 간절히 원했음을 보여주는데, 이를 통해 그들이 뉘우치는 마음이 아니라 하나님의 인정을 받기 위해 금식했음을 알 수 있다. 그들은 자신이 얼마나 겸손한지 하나님이 아셔야 한다고 요구했다. 그런 말에는 회개가 포함되어 있지 않다.

〈질문 6〉 유대인들의 금식에는 하루 동안 그 머리를 숙이고 베옷을 입고 재를 펴는 겸손이 포함되어 있었다(5). 참된 금식에는 다른 사람들을 향해 선을 행하는 것, 특히 공의와 해방과 관대함을 베푸는 일이 포함된다(6-7). 데렉 키드너(Derek

Kidner)는 이렇게 말했다. "참된 금식은 단순히 먹지 않는 것 이상이다. 그것은 하나님의 말씀을 우리 가운데 적용함으로써 그분을 기쁘시게 하는 것이다." 10

우리가 생각해볼 수 있는, 금식의 정신을 참되게 실천하는 예로는 다음과 같은 것을 들 수 있다. 우리는 일회용 봉투가 아닌 장바구니를 사용함으로써 지구를 엉망으로 만드는 자원의 낭비를 줄일 수 있다. 이로써 상처 입은 자연에 너그러움을 베푼다. 우리가 의도적으로 한 끼를 굶고 그 비용을 배고픈 사람들에게 음식을 나누는 곳에 보내고, 휴일 저녁 식사 모임을 개최하며 하루를 내어 거리에 떠도는 사람들에게 식사 대접을 한다면 굶주린 이들을 위한 자비의 사역을 감당하는 것이다. 감옥에 갇혀 '결박되어' 있거나 압제받고 있는 이들을 위해서는, 우리가 주말이나 방학 기간에 놀러 가는 것을 절제하고 수감되어 있는 사람을 방문하고 다른 나라에서 벌어지고 있는 탄압 사례들을 조사하면서 무엇을 할 수 있는지 알아본다.

결과적으로 참된 금식은 그들에게 치유를 가져다주며, 하나님의 영광이 드러나고, 하나님과 그들과의 대화가 일어나고, 그들의 부족함이 채워질 것이다(8-11절).

〈질문 7〉 적극적으로 말하는 참석자들에게 왜 그 질문을 골랐는지 말하도록 요청하라. 이런 류의 질문들은 우리의 동기를 바로잡을 뿐 아니라, 하나님과의 대화를 통하여 선한 동기가 무엇인지 깨닫는 데 도움을 준다. 이 질문에 관심이 있는 이들에게는 〈깨달은 말씀에 순종하기〉의 2번 항목도 시도해보도록 제안하라.

〈질문 8〉 솔직한 마음으로 자신에 대해 먼저 말하라. 하나님께서 이러한 자신에 대해 어떻게 여기시는지 살펴보고 여기서 벗어나기 위해서는 어떻게 해야 하는지 의견을 나눠보라. 심지어 성경 공부나 어떤 교회에 다닌다는 것이 이런 '훈장'으로 작용한 적은 없는가?

〈질문 9〉 상대방을 속이지 않으려면 정직하면서도 은혜로워야 한다. 점심 초대를 거절할 때는 따뜻하고 겸손한 미소로 하라. 아니면 점심 식사에 동참해서 먹지는 않고 대화만 주고 받을 수도 있다. 왜 음식을 먹지 않느냐고 물어오면 배고프지 않다고 말하라. 그렇지만 고통스러울 정도로 배가 고프다면 새로운 방식의 금식이나 당신에게 더 적합한 다른 훈련을 찾아보는 것이 좋을 수 있다.

인용 출처

● 서론

Henri Nouwen, *Making All Things New* (San Francisco: HarperSanFrancisco, 1981), p. 66. (「모든 것을 새롭게」, 두란노)

이 비유는 달라스 윌라드의 *The Spirit of Disciplines* (San Francisco: Harper & Row, 1988), p.3에서 가져와 좀 더 발전시킨 것이다. (「영성 훈련」, 은성)

● 제1과

| 박스 글 |

Mary Conrow Coelho, "Participating in the New Creation," *Weavings*, March-April 1987, p. 17.

Os Guinness의 글, Dallas Willard, *The Divine Conspiracy* (San Francisco: HarperSanFrancisco, 1998), p. 190에 인용됨. (「하나님의 모략」, 복있는사람)

Richard Foster, "Fasting, Twentieth Century Style," 카세트 테입 (*Renovare*, n.d.);

● 제2과

| 박스 글 |

Evelyn Underhill, *Great Devotional Classics: Selections from the Writings of Evelyn Underhill*, ed. Douglas Steere (Nashville: Upper Room, 1961), p. 10.

Marjorie Thompson, *Soul Feast* (Louisville, Ky.: Westminster John Knox, 1995), p. 73.

Dallas Willard, *The Spirit of the Disciplines* (San Francisco: Harper & Row, 1988), p. 168).

● 제3과

|박스 글|

R. C. H. Lenski, *The Interpretation of St. Matthew' s Gospel* (Minneapolis: Augsburg, 1943), p. 238.

Richard Foster, *Freedom of Simplicity* (San Francisco: Harper & Row, 1981), p. 142. (「심플라이프」, 규장)

William Penn의 글, James Gilchrist Lawson, *Deeper Experiences of Famous Christians* (Anderson, Ind.: Warner, 1911), p. 100에 인용됨.

● 제4과

|박스 글|

Robert Mulholland, *Invitation to a Journey* (Downers Grove, Ill.: InterVarsity Press, 1993), p. 119. (「영성여행 길라잡이」, 살림)

Dallas Willard, *The Spirit of the Disciplines* (San Francisco: Harper & Row, 1988), p. 166.

〈질문 5〉 "의심"과 "연약함"은 *Life Application Bible* (Wheaton, Ill.: Tyndale House, 1991), p. 1649.에서 수정하여 인용함. "욕구"는 Henri J. M. Nouwen, *The Way of the Heart* (San Francisco: HarperSanFrancisco, 1981), p. 25에 실림. (「새벽으로 가는 길」, 분도)

Robert Morris, "Holy and Glorious Flesh: The Transfiguration of Desire," *Weavings*, July-August 1999, p. 29.

● 제5과

|박스 글|

Majorie Thompson, *Soul Feast* (Louisville, Ky.: Westminster John Knox, 1995), p. 71.

Dallas Willard, The Kingdom as a Basis of Death to Self, 테입 2, "Living Like Jesus: How to Do it" (Chatsworth, Calif.: Sower' s Yield Tape Ministry).

Frederica Mathewes-Green, *The Illumined Heart* (Brewster, Mass.: Paraclete, 2001), p. 42, 45, 44.

제6과

| 서론 |

Richard Foster, "Fasting, Twentieth Century Style," 카세트 테입 (*Renovare*, n. d.);

| 박스 글 |

Arthur Wallis, *God' s Chosen Fast* (Fort Washington, Penn.: Christian Literature Crusade, 1977), p. 28.

Marjorie Thompson, *Soul Feast* (Louisville, Ky.: Westminster John Knox, 1995), p. 72.

Wallis, *God' s Chosen Fast*, p. 37.

인도자 지침

1. William Barclay, *The Gospel of Matthew* (Philadelphia: Westminster Press, 1958), 1:241-42.
2. W. E. Vine, Merrill F. Unger and William White Jr., *Vine' s Expository Dictionary of Biblical Words* (Nashville: Thomas Nelson, 1985), p. 578 of NT section.
3. Barclay, *Gospel of Matthew*, 1:157.
4. 앞의 글.
5. John Mauchline, 1 and 2 Samuel, *New Century Bible* (London: Oliphants Marshall, Morgan & Scott, 1971), p. 85.
6. Dallas Willard, *The Spirit of the Disciplines* (San Francisco: Harper & Row, 1988), p. 167.
7. Dallas Willard, "The Key to the Keys of the Kingdom," 다음 주소에서 발췌. <www.dwillard.org/articles/artview.asp?artID=40>
8. Barclay, *Gospel of Matthew*, 1:237.
9. Willard, "The Key to the Keys of the Kingdom."
10. Derek Kidner, "Isaiah," in *The New Bible Commentary*, 3rd ed., ed. Donald Guthrie and J. A. Motyer (Grand Rapids, Mich.: Eerdmans, 1991), p. 620.

| 저자 소개 |

지은이 얀 존슨(Jan Johnson)은 다수의 책과 성경공부 교재를 집필한 작가이다. 그녀는 〈*Enjoying the Presence of God*〉 〈*Growing Compassionate Kids*〉 〈*When the Soul Listens*〉 등을 저술했으며, 달라스 윌라드와 함께 〈*Dallas Willard's Study Guide to The Divine Conspiracy*〉를 만들기도 했다.

그녀는 여러 수련회와 집회에서 강의하고 있으며, 로스앤젤레스에 살고 있다.